培优系列教材·财经商贸大类大数据与会计专业技

会计综合实训

主　编：张　彦　欧阳少娟　曹　彦

副主编：周宏谦　孙小婷　梁煜晗

電子工業出版社·

Publishing House of Electronics Industry

北京·BEIJING

内容简介

实训是会计教学不可缺少的环节，是巩固学生会计理论知识并提高其会计手工操作技能的重要手段。本书紧扣我国职业教育发展规律，理论联系实际，突出实践性，充分利用互联网技术，形成完整的立体化教材。本书分为三部分：模拟企业概述、日常业务处理、模拟企业经济业务。

本书可以作为应用型本科、高职高专院校教材，也可以作为相关从业人员自学参考读物。

图书在版编目 (CIP) 数据

会计综合实训 / 张彦，欧阳少娟，曹彦主编 . —北京：电子工业出版社，2023.2
ISBN 978-7-121-44998-7

Ⅰ . ①会… Ⅱ . ①张… ②欧… ③曹… Ⅲ . ①会计学—高等职业教育—教材 Ⅳ . ① F230

中国国家版本馆 CIP 数据核字（2023）第 017580 号

责任编辑：张云怡　　　特约编辑：尹杰康
印　　　刷：三河市兴达印务有限公司
装　　　订：三河市兴达印务有限公司
出版发行：电子工业出版社
　　　　　北京市海淀区万寿路 173 信箱　　邮编：100036
开　　　本：787×1092　1/16　印张：14.5　字数：371.2 千字
版　　　次：2023 年 2 月第 1 版
印　　　次：2023 年 2 月第 1 次印刷
定　　　价：49.00 元

Preface 前言

近年来，职业教育的发展越来越快，国家提出要培养实践操作技能型人才。本书模拟仿真企业实训资料，体现了与时俱进的理念。

目前，移动互联网迅速发展，教学方式也在不断变革，国家推进发展高校信息化建设，加强课程改革，研发信息化创新教材，是顺应时代发展和教育所需。

二十大报告指出："健全宏观经济治理体系，发挥国家发展规划的战略导向作用，加强财政政策和货币政策协调配合，着力扩大内需，增强消费对经济发展的基础性作用和投资对优化供给结构的关键作用。健全现代预算制度，优化税制结构，完善财政转移支付体系。"结合财税制度和会计专业的学生特点，本书的编写原则为：以岗位需求为基础、以能力为本位，培养应用型、技能型人才。书中实训资料高度仿真，业务编排贴近岗位，适用性强，为学生毕业前的综合实训提供了很好的帮助。

本书具有如下特点：

1. 编写理念上

本书重点打造实操实务技能，做到"所学即所用"，提高学生专业水平和应用技能，使其在就业和择业上更有竞争力。

2. 编写内容上

本书打破传统教材的陈旧票据，采用最新政策下的准则和标准，让学生所学内容贴近真实岗位，更能满足企业用人需求。全书由浅入深，层层展开，环环相扣，体现较强的内在逻辑关系。

3. 编写形式上

本书编写采用项目、任务导向方式，增强学生的感性认识，以达到便于理解、快速掌握的目的。

4. 资源配置上

教学资源丰富，实用性强。

本书由张彦（甘肃财贸职业学院）、欧阳少娟（秦皇岛职业技术学院）、曹彦（陕西交通职业技术学院）担任主编，由周宏谦（长春建筑学院）、孙小婷（安康职业技术学院）、梁煜晗（贵州建设职业技术学院）担任副主编。

本书在编写过程中参考了大量中外著作，许多专家、一线教师和企业管理人员也对本书提出了宝贵意见，在此一并表示感谢。

由于时间仓促、水平有限，书中难免存在不足之处，敬请读者提出宝贵意见，以便及时改正。

编　者

Contents 录

项目 1　模拟企业概述

任务 1.1 模拟企业基本信息

1.1.1 企业基本信息

华信食品股份有限公司是一家食品生产企业，企业性质为股份有限公司，股本5 000 000 元，其中信安股份有限公司持股 1 000 000 元，流通在外的股份 4 000 000 元。公司主要产品为椰蓉面包、手撕面包、夹心蛋糕和普通蛋糕。企业基本信息如表 1-1所示。

表 1-1

项　目	信　息
企业名称	华信食品股份有限公司
法人代表	张志平
纳税人识别号	110202523113659789
地址	北京市通州区东大街 67 号
电话	010-27606068
开户银行	工行北京通州支行
银行账号	160300583638033666
预留印章	财务专用章、法人章

1.1.2 组织机构和人员

1. 组织机构

华信食品股份有限公司组织机构如图 1-1 所示。

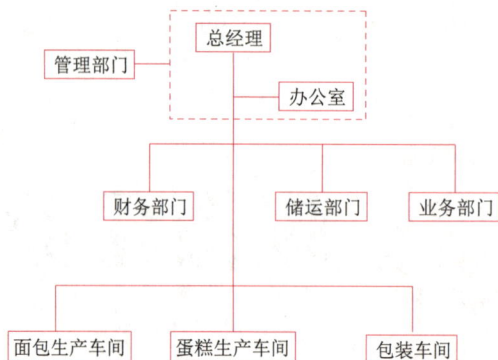

图 1-1　组织机构图

2. 主要人员及分工

公司主要人员及分工如表 1-2 所示。

表 1-2

部　门	职　务	姓　名	职　责
管理部门	总经理	张志平	对重要业务进行审核和批准
	办公室主管	杨红	对工资、日常用品领用等工作进行审核
	办公室文员	宋丽	负责办公用品、低值易耗品的保管、分配、发放工作；负责工资的计算和工资表的填制等工作
财务部门	财务主管	李海洋	负责组织和领导公司系统内财务人员开展财务管理与会计核算工作，负责所有与财务有关业务的审核
	出纳	孙佳颖	负责公司的货币资金核算、收付款凭证的填制、现金日记账和银行存款日记账的登记等工作
	制单	王宏宇	除收付款凭证的会计凭证、发票的开具
	记账	李密	除日记账、成本账之外的明细账及总账
	成本会计	王涛	各种成本的核算（包括制单和成本明细账）
	税务会计	连想	负责登记各项税务报表及附表，办理纳税申报业务等
	审核	王涛	各种凭证的审核
储运部门	储运主管	赵田	负责与仓储有关的业务审核
	业务员	李丁	负责与仓储有关的业务办理
业务部门	业务主管	张力	负责与采购、销售有关的业务审核
	业务员	张小凡	负责与采购、销售有关的业务办理
面包生产车间	车间主管	吴民	负责与面包生产车间有关的业务审核
	工作人员	任晓飞	负责与面包生产车间有关的业务办理

续表

部门	职务	姓名	职责
蛋糕生产车间	车间主管	吴慧	负责与蛋糕生产车间有关的业务审核
	工作人员	李玉梅	负责与蛋糕生产车间有关的业务办理
包装车间	车间主管	董力	负责与包装车间有关的业务审核
	工作人员	程心怡	负责与包装车间有关的业务办理

注：表 1-2 中职务名称仅供参考，实际工作中名称有所差别。

任务 1.2 主要客户、供应商及其他相关机构

1.2.1 主要客户

华信食品股份有限公司的主要客户如表 1-3 所示。

表 1-3

客户名称	基本信息	
万家购物连锁超市	纳税人识别号	350101578804724789
	地址	北京市海淀区中汇路 47 号
	电话	010-32620313
	开户银行	工行北京海淀支行
	银行账号	430567667000093222
	收款人	陈越泽
	开票人	郑妍伊
	复核	林倩
	总经理	林长青
顺凯生活购物超市	纳税人识别号	350102784150008078
	地址	北京市丰台区雀山路 140 号
	电话	010-30892322
	开户银行	工行北京丰台支行
	银行账号	622200002700175864
	收款人	李博文
	开票人	张明哲
	复核	金骏驰
	总经理	赵平生

客户名称	基本信息	
佳美购物连锁超市	纳税人识别号	362102321469625789
	地址	上海市浦东区开山路 20 号
	电话	021-56921032
	开户银行	工行上海浦东支行
	银行账号	102362100525692012
	收款人	万婷杰
	开票人	张素
	复核	李煜
	总经理	杨天一

1.2.2. 主要供应商

华信食品股份有限公司的主要供应商如表 1-4 所示。

表 1-4

供应商名称	基本信息	
北京祥丰日杂经销部	纳税人识别号	160004321492291555
	地址	北京市中心路 98 号
	电话	010-96010889
	开户银行	工行北京中心路支行
	银行账号	820210734208040256
	收款人	王嘉陵
	开票人	郭东伟
	复核	艾华
上海路通有限公司	纳税人识别号	370056215634594555
	地址	上海市浦东区安心路 26 号
	电话	021-55881236
	开户银行	农行上海分行
	银行账号	370045185185425485
	收款人	付子辰
	开票人	李淑萍
	复核	吴敏

供应商名称	基本信息	
天津津悦食品有限公司	纳税人识别号	656325638965324263
	地址	天津市东风路 65 号
	电话	022-89545359
	开户银行	工行天津东风路支行
	银行账号	630600266558612666
	收款人	张静
	开票人	刘华
	复核	宋军

1.2.3. 其他机构

其他相关机构信息如表 1-5 所示。

表 1-5

客户名称	基本信息	
广东理投证券	纳税人识别号	635421687851665789
	地址	广州市白云区黄边北路 590 号
	电话	020-26289707
	开户银行	工行白云新城支行
	银行账号	663224851674215253
	收款人	蒋国坤
	开票人	张馨月
	复核	吴鑫

任务 1.3 企业会计政策

1.3.1 主要资产的会计政策

1. 存货的会计政策

华信食品股份有限公司存货及会计政策如表 1-6 所示。

表1-6

类　别	编　号	名　称	计价方法
原材料	140301	特质面粉	计划成本法
	140302	白砂糖	加权平均法
	140303	鸡蛋	
	140304	植物油	
	140305	生产辅料	只记金额，不计数量
库存商品	140601	椰蓉面包	加权平均法
	140602	手撕面包	
	140603	夹心蛋糕	
	140604	普通蛋糕	
	140605	饼干	
周转材料	141201	1# 纸箱	加权平均法
	141202	2# 纸箱	
	141203	打蛋器	
	141204	包装辅料	只记金额，不计数量
	141205	生产辅料	

2. 固定资产及会计政策

华信食品股份有限公司固定资产及会计政策如表 1-7 所示。

表1-7

编　号	名　称	使用年限	折旧方法
160101	办公楼	40	直线法
160102	1# 厂房	40	直线法
160103	2# 厂房	40	直线法
160104	3# 厂房	40	直线法
160105	面包生产线	10	双倍余额递减法
160106	蛋糕生产线	10	双倍余额递减法
160107	包装机	10	双倍余额递减法
160108	电脑	5	年数总和法
160109	打印机	5	年数总和法

3. 备用金核算

生产部门采用定额备用金制度，非生产部门采用非定额备用金制度。

1.3.2 成本核算的方法

华信食品股份有限公司成本核算采用品种法。

1. 原材料及辅助材料的分配方法

原材料及辅助材料的分配方法如表1-8所示。

表1-8

类别	名称	核算方法
原材料	特质面粉	按重量分配法
	白砂糖	按定额数量比例分配法
	鸡蛋	按定额数量比例分配法
	植物油	按定额数量比例分配法
	生产辅料	按定额费用比例分配法
包装物	包装辅料	按数量

2. 工资费用和制造费用

华信食品股份有限公司工资费用和制造费用核算采用定额工时法。

3. 完工产品与在产品之间的分配

（1）华信食品股份有限公司面包生产车间和蛋糕生产车间完工产品与在产品之间的分配采用约当产量法，约当比例材料费用为100%，其他费用为50%。

（2）包装车间的材料费用在完工产品与在产品之间的分配采用约当产量法，约当比例为100%，其他全部计入完工产品之中。

项目 2 日常业务处理

任务 2.1 企业整体生产经营过程

企业整体生产经营过程如图 2-1 所示。

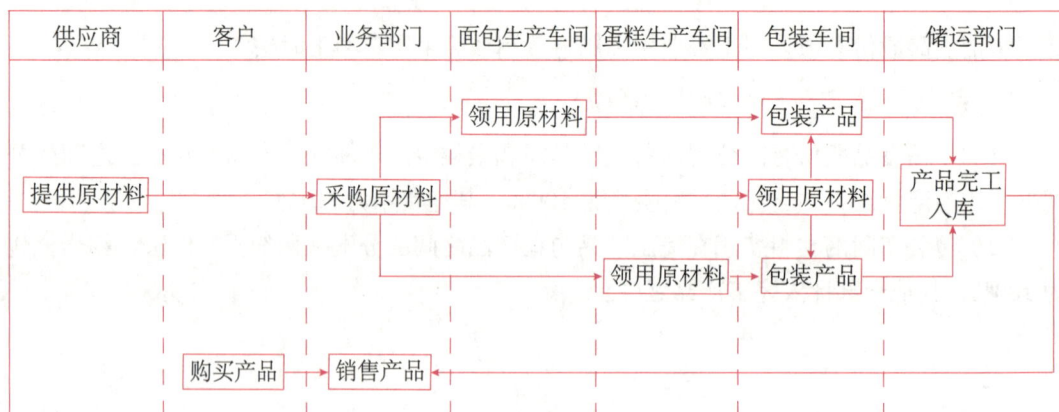

供应商	客户	业务部门	面包生产车间	蛋糕生产车间	包装车间	储运部门
			领用原材料		包装产品	
提供原材料		采购原材料		领用原材料		产品完工入库
				领用原材料	包装产品	
	购买产品	销售产品				

图 2-1 企业整体生产经营过程流程图

任务 2.2 业务处理流程

2.2.1 采购业务处理流程

在现购（现金采购）情形下，采购业务处理流程如图 2-2 所示。

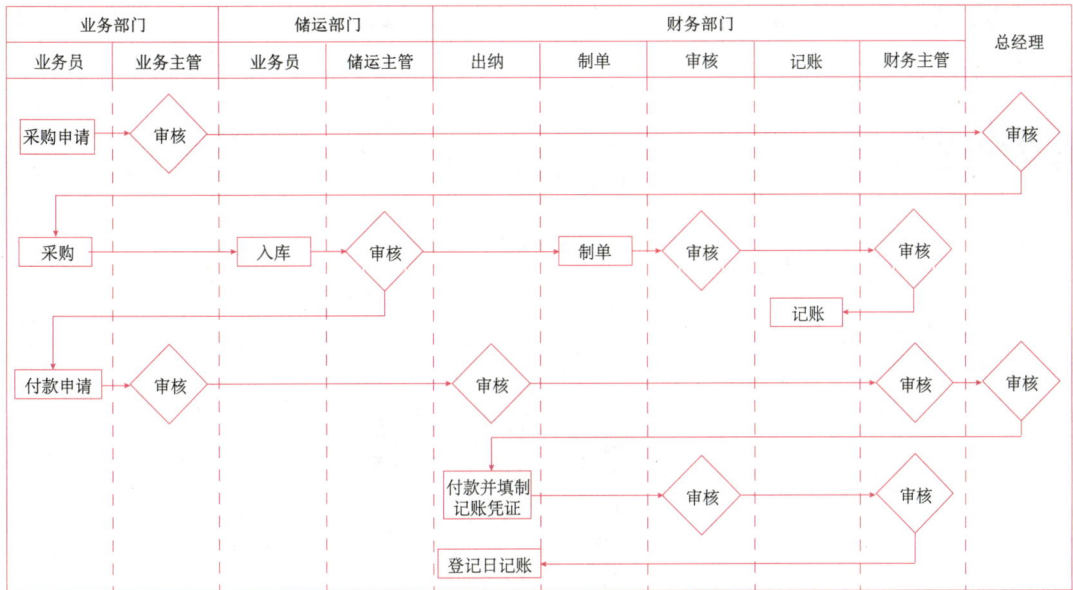

图 2-2　采购业务处理流程（现购）

在赊购情形下，采购业务处理流程如图 2-3 所示。

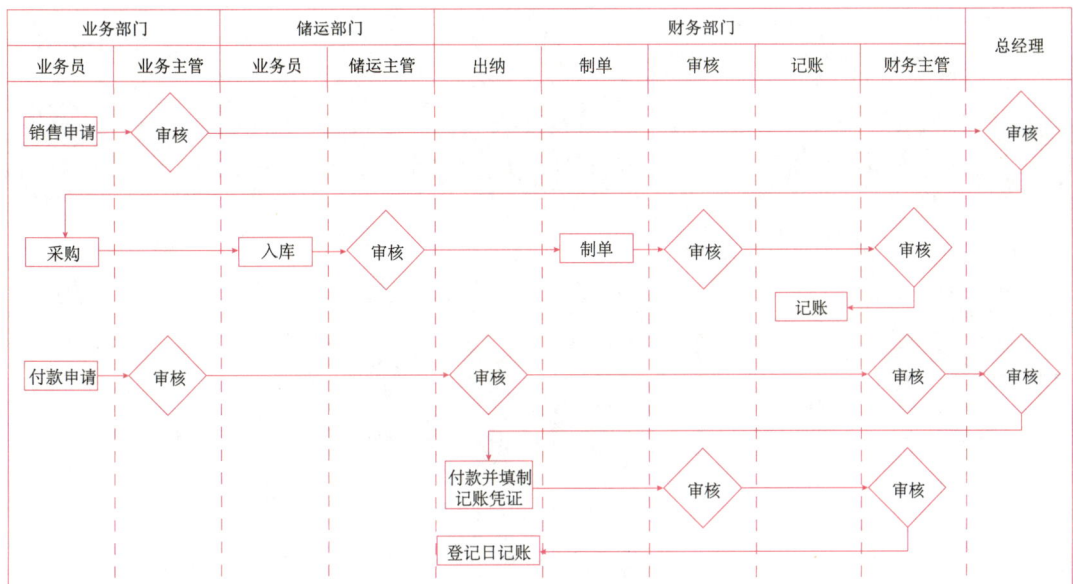

图 2-3　采购业务处理流程（赊购）

2.2.2 销售业务处理流程

在现销情形下，销售业务处理流程如图 2-4 所示。

业务部门		储运部门		财务部门					总经理
业务员	业务主管	业务员	储运主管	出纳	制单	审核	记账	财务主管	
接受订单提出销售申请	审核								审核
销售		出库并填制出库单	审核					审核	
开具发票申请	审核				开具发票				
				收到货款并制单		审核		审核	
				登记日记账			登记账簿		

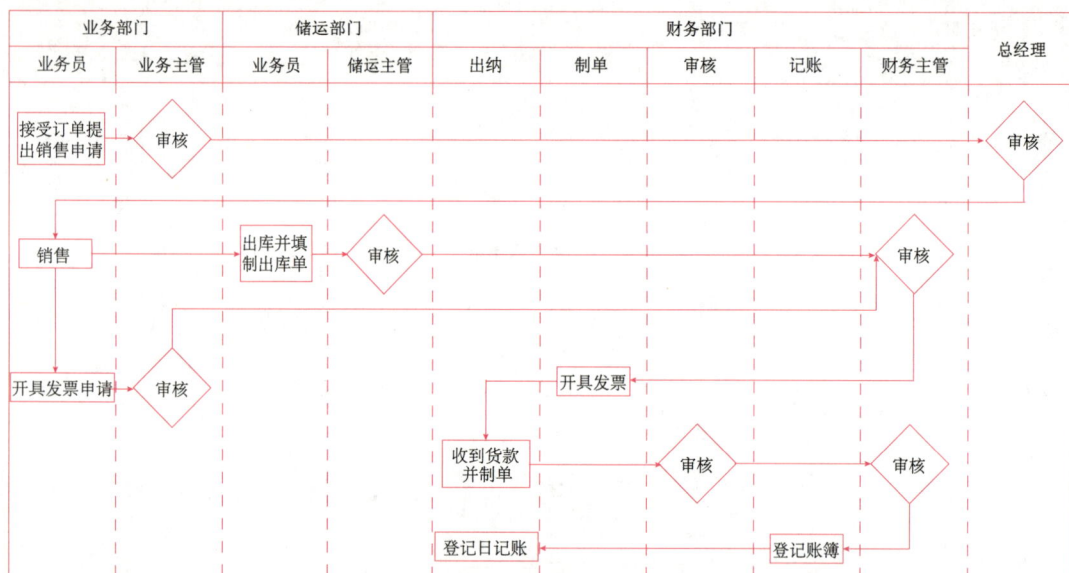

图 2-4 销售业务处理流程（现销）

在赊销情形下，销售业务处理流程如图 2-5 所示。

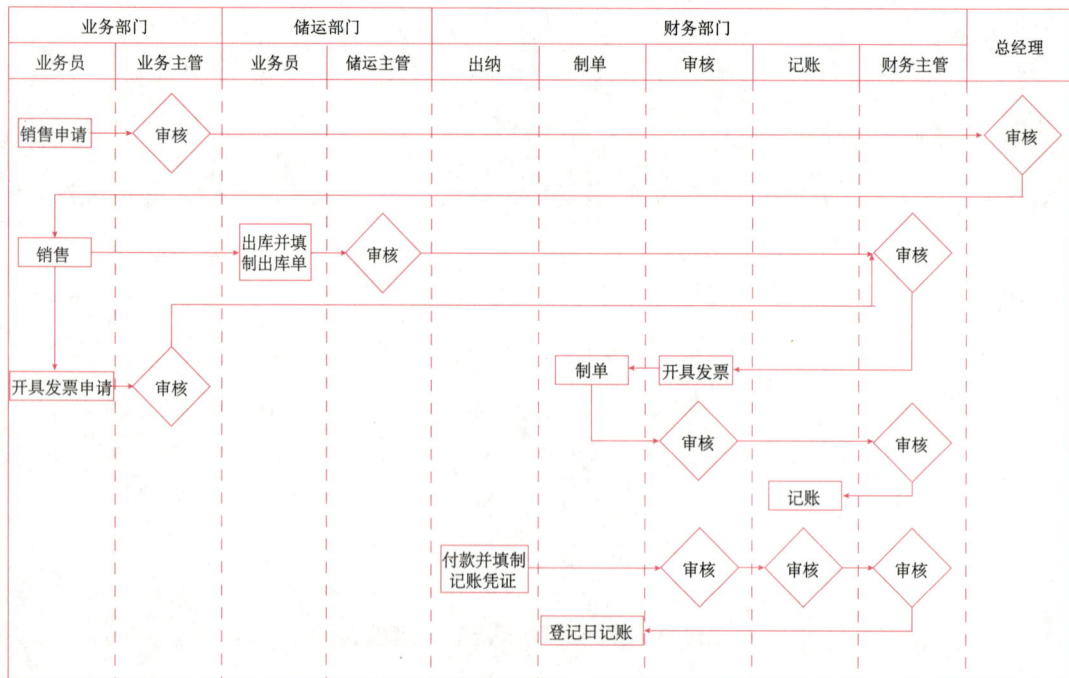

业务部门		储运部门		财务部门					总经理
业务员	业务主管	业务员	储运主管	出纳	制单	审核	记账	财务主管	
销售申请	审核								审核
销售		出库并填制出库单	审核					审核	
开具发票申请	审核				制单	开具发票			
						审核		审核	
							记账		
				付款并填制记账凭证		审核	审核	审核	
				登记日记账					

图 2-5 销售业务处理流程（赊销）

2.2.3 成本费用处理流程

在报销情形下，费用报销流程如图 2-6 所示。

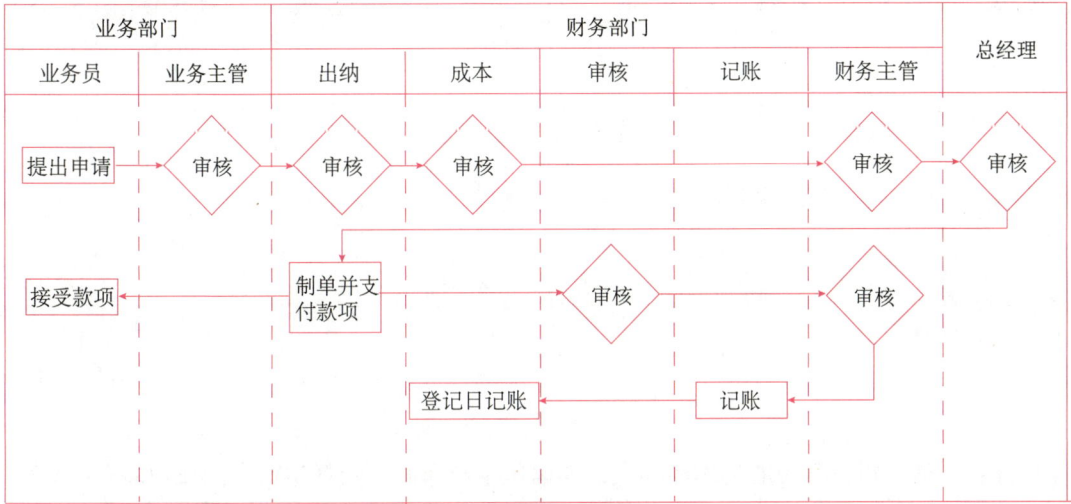

图 2-6　费用报销流程图

在非现金情形下，成本费用流程如图 2-7 所示。

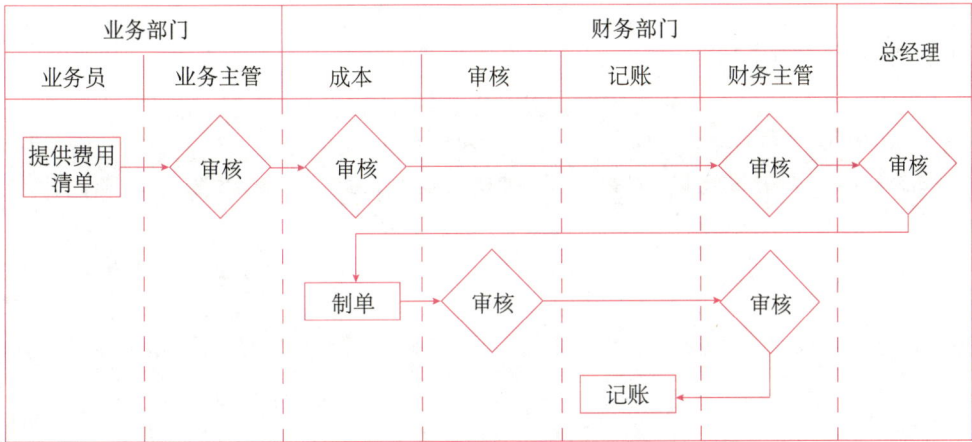

图 2-7　成本费用（非现金）流程图

2.2.4 其他流程

领用材料流程如图 2-8 所示。

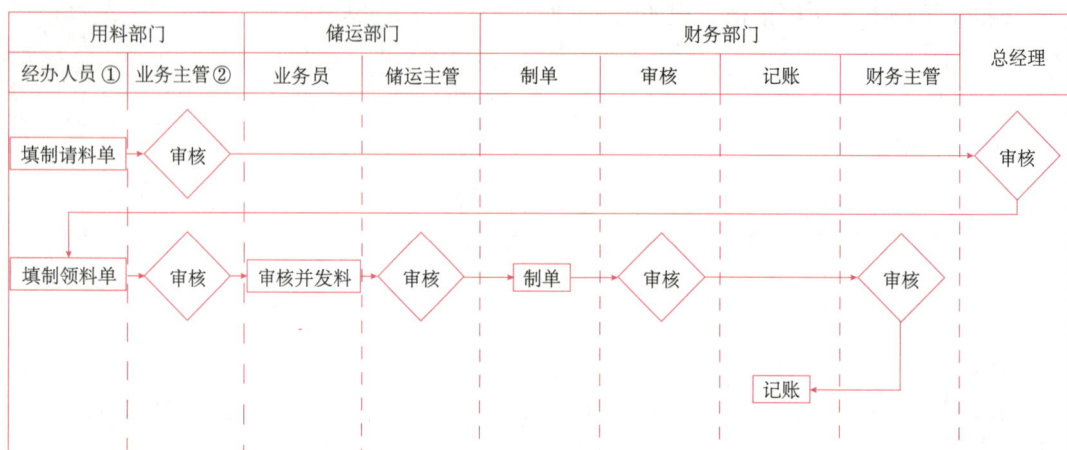

图 2-8　领用材料流程图

注：①是领料过程中的具体经办人，如面包生产车间、蛋糕生产车间或包装车间的业务员。

②是领料单位的负责人，如面包生产车间、蛋糕生产车间或包装车间的业务主管。

工资费用流程如图 2-9 所示。

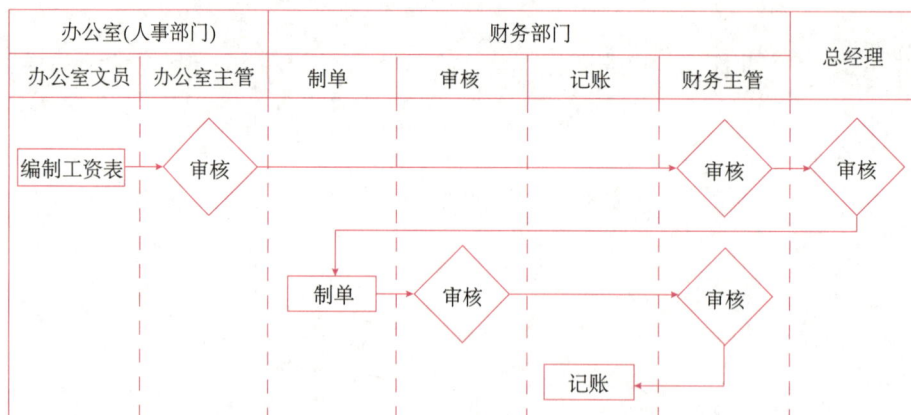

图 2-9　工资费用流程图

产品生产成本核算流程如图 2-10 所示，转账业务的核算流程如图 2-11 所示。

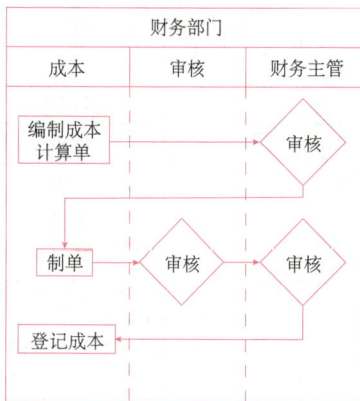

图 2-10 产品生产成本核算流程图

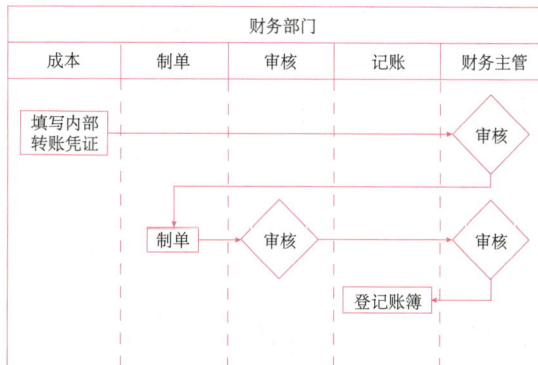

图 2-11 转账业务的核算流程图

任务 2.3 启用与建立会计账簿

2.3.1 账簿的期初余额和格式

资产类账户余额如表 2-1 所示。

表 2-1 单位：元

编号	总分类账	明细分类账	借方金额	贷方金额	账簿格式
1001	库存现金		26 872.00		三栏式
1002	银行存款		2 626 326.00		三栏式
1015	其他货币资金				三栏式
101501		外埠存款	150 000.00		三栏式
101502		存出投资款	1 158 730.00		三栏式
101503		银行本票			三栏式
101504		银行汇票			三栏式
1101	交易性金融资产				三栏式
110101		开滦股份	1 268 000.00		三栏式
1121	应收票据				三栏式
112101		佳美购物连锁超市	63 393.00		三栏式
1122	应收账款				三栏式
112201		万家购物连锁超市	291 540.00		三栏式
112202		佳美购物连锁超市			三栏式
112203		天津津悦食品有限公司			三栏式
1123	预付账款				三栏式
112301		仓库租金	20 000.00		三栏式
1131	应收股利				三栏式
1132	应收利息				三栏式
1221	其他应收款				三栏式

续表

编号	总分类账	明细分类账	借方金额	贷方金额	账簿格式
122101		杨 红	3 000.00		三栏式
122102		包装车间	3 000.00		三栏式
122103		销售部门	5 000.00		三栏式
122104		张小凡	3 000.00		三栏式
122105		养老保险金	29 006.40		三栏式
122106		医疗保险金	6 746.34		三栏式
122107		失业保险金	3 625.80		三栏式
122108		住房公积金	18 739.00		三栏式
122109		李丁	614.04		三栏式
1231	坏账准备			29 154.00	三栏式
1401	材料采购				三栏式
140301		特质面粉			横向登记式
1402	在途物资				三栏式
1403	原材料		205 199.00		三栏式
1404	材料成本差异		1 144.80		三栏式
1408	委托加工物资				三栏式
140605		饼干			三栏式
1411	周转材料		84 380.00		三栏式
5001	生产成本		1 342 218.00		三栏式
1471	存货跌价准备			5 800.00	三栏式
1501	债权投资				三栏式
150101		中兴通讯	1 500 000.00		三栏式
1503	其他债权投资				三栏式
150301		华盛集团			三栏式
1511	长期股权投资				三栏式
151101		成本			三栏式
1521	投资性房地产				三栏式
152101		成本			三栏式
152102		公允价值变动			三栏式
1601	固定资产		6 997 604.00		三栏式
1602	累计折旧			1 434 670.82	三栏式
		电脑			三栏式
		实木家具生产线			三栏式
		打印机			三栏式
1604	在建工程				三栏式
		实木家具生产线			三栏式
1605	工程物资				三栏式
160501		配件			三栏式
160502		辅料			三栏式

续表

编号	总分类账	明细分类账	借方金额	贷方金额	账簿格式
1606	固定资产清理				三栏式
1701	无形资产				三栏式
170101		A 配方	51 200.00		三栏式
170102		专利权			三栏式
1702	累计摊销				三栏式
170201		A 配方		15 360.00	三栏式
170202		专利权			三栏式
1703	无形资产减值准备				三栏式
1811	递延所得税资产				三栏式
1901	待处理财产损溢				三栏式

负债和所有者权益类账户余额如表 2-2 所示。

表 2-2

单位：元

编号	总分类账	明细分类账	借方金额	贷方金额	账簿格式
2001	短期借款			306 000.00	三栏式
2201	应付票据				三栏式
220101		上海路通有限公司		63 280.00	三栏式
		华盛家具购物连锁超市			三栏式
2202	应付账款				三栏式
220201		红星粮油批发公司		54 240.00	三栏式
220202		供电公司		103 890.00	三栏式
220203		供水公司		56 920.00	三栏式
2205	预收账款				三栏式
220501		万家购物连锁超市			三栏式
2211	应付职工薪酬				三栏式
221101		工资		362 580.00	三栏式
221102		福利费		(2 180.00)	三栏式
221103		养老保险		73 876.00	三栏式
221104		医疗保险		29 550.40	三栏式
221105		失业保险		7 387.60	三栏式
221106		工伤保险		3 693.80	三栏式
221107		生育保险		2 955.04	三栏式
221108		住房公积金		29 997.00	三栏式
221109		工会经费		15 860.00	三栏式
221110		职工教育经费		8 160.00	三栏式
2221	应交税费				三栏式
222101		未交增值税		294 930.00	三栏式
222102		应交所得税		213 000.00	三栏式

续表

编号	总分类账	明细分类账	借方金额	贷方金额	账簿格式
222103		应交城市维护建设税		20 645.10	三栏式
222104		应交教育费附加		8 847.90	三栏式
222105		应交个人所得税		973.50	三栏式
222106		应交印花税		9 509.70	三栏式
2231	应付股利				三栏式
2232	应付利息				三栏式
2241	其他应付款				三栏式
		万家购物连锁超市			三栏式
2601	长期借款				三栏式
2901	递延所得税负债			67 000.00	三栏式
4001	股本				三栏式
400101		信安股份有限公司		1 000 000.00	三栏式
400102		流通在外股份		4 000 000.00	三栏式
400103		远大股份有限公司			三栏式
4002	资本公积				三栏式
4101	盈余公积			989 630.00	三栏式
4103	本年利润			2 925 127.78	三栏式
4104	利润分配				三栏式
410401		未分配利润		4 410 257.86	三栏式

原材料期初余额如表 2-3 所示。

表 2-3

单位：元

编号	明细分类账	数量	单价	金额	账簿格式
140301	特质面粉	12 720	9.00	114 480.00	数量金额式
140302	白砂糖	1 243	27.00	33 561.00	数量金额式
140303	鸡蛋	1 280	8.60	11 008.00	数量金额式
140304	植物油	1 170	35.00	40 950.00	数量金额式
140305	生产辅料			5 200.00	数量金额式

库存商品期初余额如表 2-4 所示。

表 2-4

单位：元

编号	明细分类账	数量	单价	金额	账簿格式
140601	椰蓉面包	1 500	130.00	195 000.00	数量金额式
140602	手撕面包	1 800	120.00	216 000.00	数量金额式
140603	夹心蛋糕	1 300	150.00	195 000.00	数量金额式
140604	普通蛋糕	1 360	100.00	136 000.00	数量金额式

周转材料明细账余额如表 2-5 所示。

表 2-5 单位：元

编号	明细分类账	数量	单价	金额	账簿格式
141201	1# 纸箱	5 000	3.00	15 000.00	数量金额式
141202	2# 纸箱	4 000	2.50	10 000.00	数量金额式
141203	打蛋器	36	320.00	11 520.00	数量金额式
141204	包装辅料	300	120.00	36 000.00	数量金额式
141205	生产辅料			11 860.00	数量金额式

固定资产明细账余额如表 2-6 所示。

表 2-6 单位：元

编号	明细分类账	数量	单价	金额	折旧	账簿格式
160101	办公楼	1	1 365 860.00	1 365 860.00	68 293.00	卡片账
160102	1# 厂房	1	1 156 000.00	1 156 000.00	115 600.00	卡片账
160103	2# 厂房	1	987 663.00	987 663.00	98 766.30	卡片账
160104	3# 厂房	1	1 518 560.00	1 518 560.00	151 856.00	卡片账
160105	面包生产线	1	757 000.00	757 000.00	361 341.33	卡片账
160106	蛋糕生产线	1	589 000.00	589 000.00	281 149.33	卡片账
160107	包装机	1	398 521.00	398 521.00	190 227.36	卡片账
160108	电脑	30	5 500.00	165 000.00	122 787.50	卡片账
160109	打印机	20	3 000.00	60 000.00	44 650.00	卡片账

生产成本明细账余额如表 2-7 所示。

表 2-7 单位：元

车间	编号	明细分类账	直接材料	直接人工	制造费用	合计	账簿格式
面包生产车间	140601	椰蓉面包	161 211.00	33 526.00	32 582.00	227 319.00	多栏式
	140602	手撕面包	186 522.00	35 668.00	36 697.00	258 887.00	多栏式
蛋糕生产车间	140603	夹心蛋糕	143 623.00	32 635.00	26 557.00	202 815.00	多栏式
	140604	普通蛋糕	162 500.00	35 623.00	34 542.00	232 665.00	多栏式
包装车间	140601	椰蓉面包	128 006.00			128 006.00	多栏式
	140602	手撕面包	96 321.00			96 321.00	多栏式
	140603	夹心蛋糕	86 970.00			86 970.00	多栏式
	140604	普通蛋糕	109 235.00			109 235.00	多栏式

损益类（1 ~ 11 月累计金额）如表 2-8 所示。

表2-8　　　　　　　　　　　　　　　　　　　　单位：元

编号	总分类账	明细分类账	借方金额	贷方金额	账簿格式
6001	主营业务收入				三栏式
600101				1 854 130.00	三栏式
600102				2 675 636.00	三栏式
600103				1 921 386.00	三栏式
600104				2 163 890.00	三栏式
6501	其他业务收入			36 500.00	三栏式
6711	主营业务成本				三栏式
671101			1 038 312.80		三栏式
671102			1 498 356.16		三栏式
671103			999 120.72		三栏式
671104			1 125 222.80		三栏式
6402	其他业务成本		29 200.00		三栏式
6405	税金及附加		151 020.64		三栏式
6601	销售费用		226 530.96		三栏式
6602	管理费用		339 796.44		三栏式
6603	财务费用		32 800.00		三栏式
6711	营业外支出		2 890.00		三栏式
6801	所得税费用		283 163.70		三栏式

2.3.2 主要账页的格式

银行存款日记账如图 2-12 所示。

图 2-12　银行存款日记账

三栏式明细分类账如图 2-13 所示。

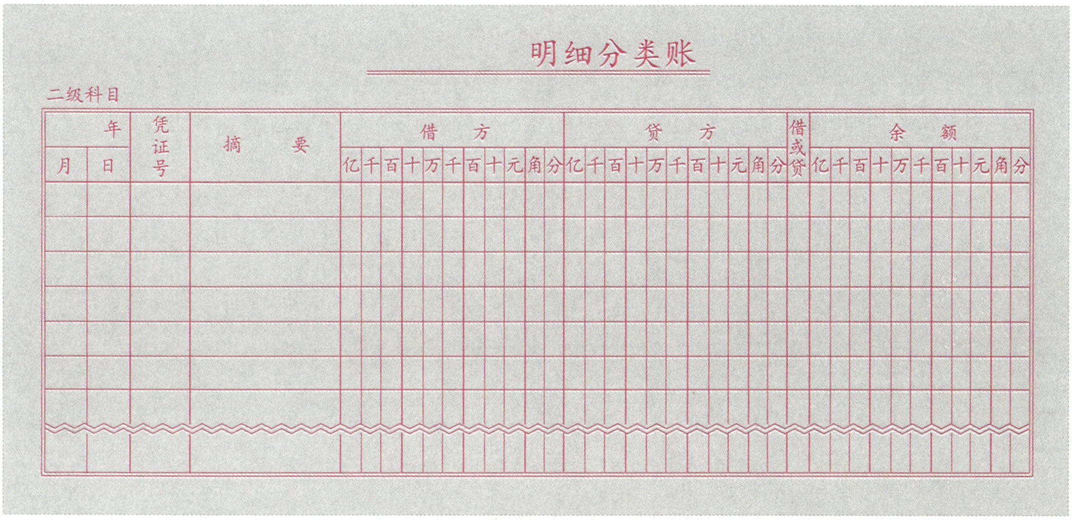

明细分类账

二级科目

年		凭证号	摘要	借方											贷方											借或贷	余额										
月	日			亿	千	百	十	万	千	百	十	元	角	分	亿	千	百	十	万	千	百	十	元	角	分		亿	千	百	十	万	千	百	十	元	角	分

图 2-13　三栏式明细分类账

多栏式明细分类账如图 2-14 所示。

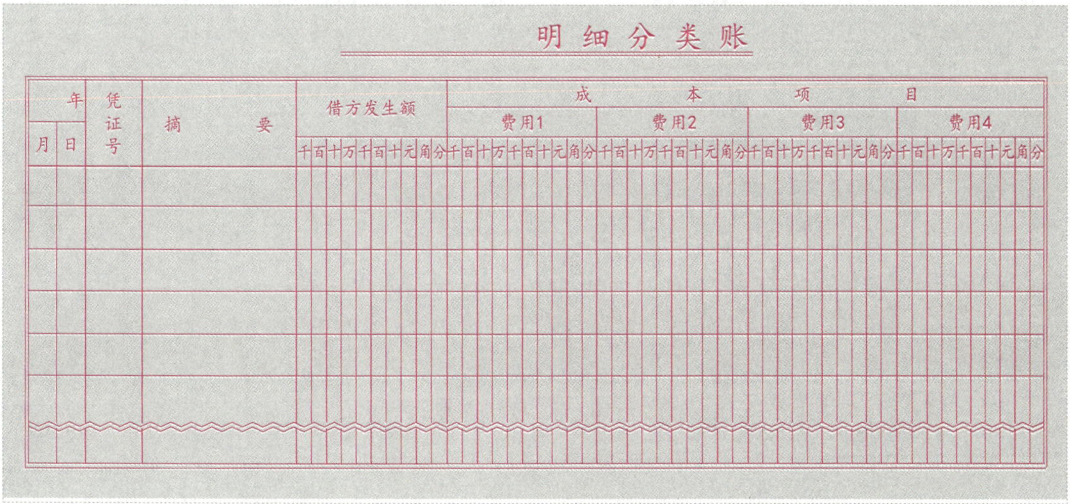

明细分类账

年		凭证号	摘要	借方发生额										成本项目																																							
														费用1										费用2										费用3										费用4									
月	日			千	百	十	万	千	百	十	元	角	分	千	百	十	万	千	百	十	元	角	分	千	百	十	万	千	百	十	元	角	分	千	百	十	万	千	百	十	元	角	分	千	百	十	万	千	百	十	元	角	分

图 2-14　多栏式明细分类账

数量金额明细分类账如图 2-15 所示。

明细分类账

二级科目

年		凭证号	摘要	借方			贷方			结余		
月	日	字 号		数量	单价	金额 百十万千百十元角分	数量	单价	金额 百十万千百十元角分	数量	单价	金额 百十万千百十元角分

图 2-15　数量金额明细分类账

横线登记式账簿如图 2-16 所示。

明 细 分 类 账

年　月份　　　　　　　　　　　　　　　　　　　　单位:元

序号	销货单位名称	材料名称	借方						贷方					备注
			日期	凭证号数	发票编号	买价	采购费用	合计	日期	凭证号数	入库单号	采购成本	合计	

图 2-16　横线登记式账簿

应交税费——应交增值税明细分类账如图 2-17 所示。

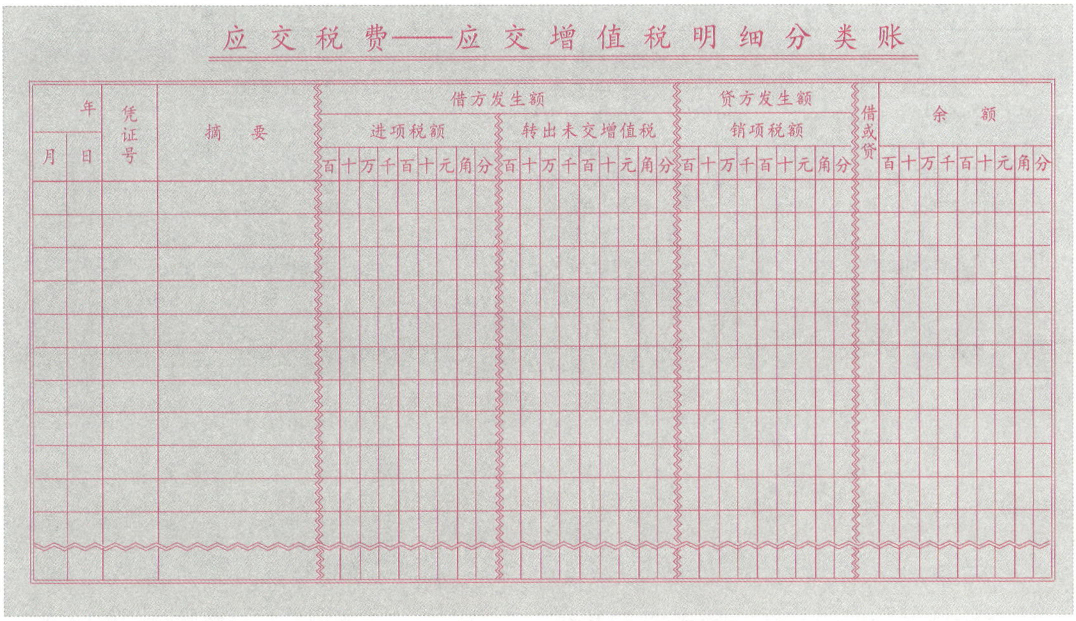

图 2-17　应交税费——应交增值税明细分类账

活页式账簿如图 2-18 所示。

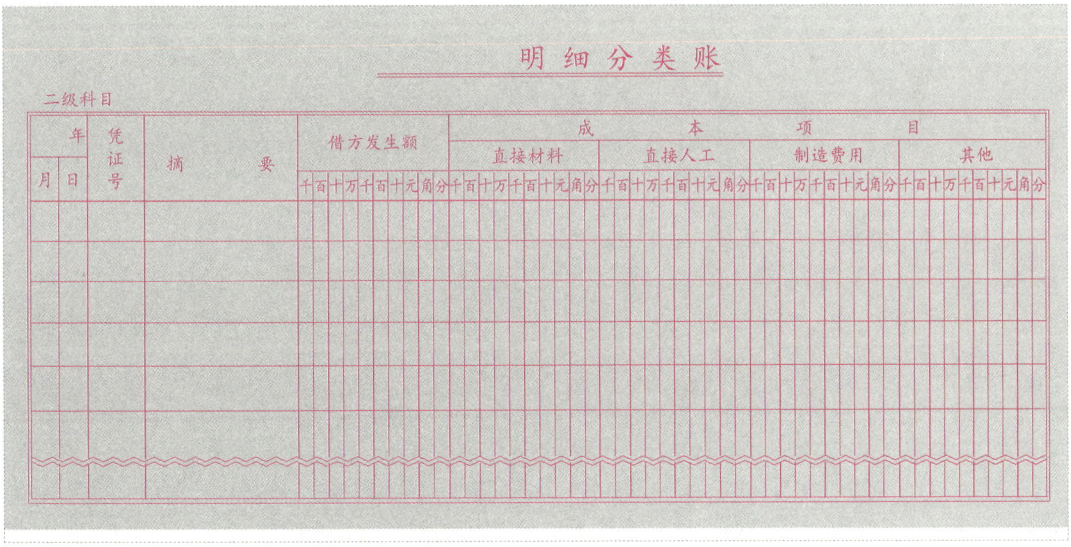

图 2-18　活页式账簿

固定资产卡片式明细账如图 2-19 所示。

固定资产卡片

卡片编号 _____   日期 _____

固定资产编号 _____   固定资产名称 _____
类别编号 _____   类别名称 _____   资产组名称 _____
规格型号 _____   使用部门 _____
增加方式 _____   存放地点 _____
使用状况 _____   使用年限（月）_____   折旧方法 _____
开始使用日期 _____   已计提月份 _____   币种 _____
原值 _____   净残值率 _____   净残值 _____
累计折旧 _____   月折旧率 _____   本月计提折旧额 _____
净值 _____   对应折旧科目 _____   项目 _____

录入人   录入日期

图 2-19 固定资产卡片式明细账

项目 3　模拟企业经济业务

任务 3.1 经济业务

1.2022 年 12 月 1 日，开出现金支票，提取备用金 10 000 元。

2.2022 年 12 月 1 日，向银行申请银行本票 180 000 元，手续费 2.12 元。

3.2022 年 12 月 1 日，华信食品股份有限公司对生产部门采用定额管理的方式拨付备用金，拨付给包装车间 3 000 元备用金，拨付给业务部门 5 000 元备用金。

4.2022 年 12 月 2 日，办公室主任杨红从外地出差回来，报销差旅费并用现金交回多余借款。

5.2022 年 12 月 2 日，销售商品给顺凯生活购物超市，其中椰蓉面包 400 箱，单价 190 元 / 箱；手撕面包 300 箱，单价 170 元 / 箱；夹心蛋糕 240 箱，单价 210 元 / 箱；普通蛋糕 300 箱，单价 170 元 / 箱。

6.2022 年 12 月 2 日，上交上月三险一金和个人所得税。

7.2022 年 12 月 3 日，用网银支付上月水电费。

8.2022 年 12 月 3 日，收到万家购物连锁超市交来的预付货款 50 000 元。

9.2022 年 12 月 3 日，企业使用银行本票进行材料采购，购买特质面粉 18 000 千克，单价 8.26 元 / 千克，材料验收入库。

10.2022 年 12 月 4 日，采购员张小凡出差预借差旅费 3 000 元。

11.2022 年 12 月 4 日，从九安有限公司购入一项专利权，金额 20 000 元（含税）。

12.2022 年 12 月 5 日，收到银行收账通知，佳美购物连锁超市支付到期商业汇票。

13.2022 年 12 月 5 日，对现金进行清查盘点，发现现金长款 60 元。

14.2022 年 12 月 5 日，申请银行汇票一张面值 125 000 元，手续费 66.25 元。

15.2022 年 12 月 5 日，从北京祥丰日杂经销部购买商品包装辅料 38 000 元，开出转账支票。

16.2022 年 12 月 6 日，5 日现金长款无法查明原因，转为营业外收入。

17.2022 年 12 月 6 日，出纳收到万家购物连锁超市交来包装物押金 3 600 元。

18.2022 年 12 月 6 日，从华信机械股份有限公司购入一台不需要安装即可投入使用的

HXDJ- 电机 1 台，购买价 46 000 元（不含税），开出转账支票。

19.2022 年 12 月 6 日，从天津津悦食品有限公司购入白砂糖 5 000 千克，单价 28 元 / 千克，开出电汇凭证。

20.2022 年 12 月 6 日，财务部出售废旧报纸，收到现金 126 元。

21.2022 年 12 月 7 日，企业使用银行汇票进行材料采购，购买鸡蛋 3 000 千克，单价 10 元 / 千克；植物油 2 000 千克，单价 36 元 / 千克；支付运杂费 1 600 元（不含税）；材料验收入库。

22.2022 年 12 月 7 日，车间领用材料如下：

车间	特质面粉	白砂糖	鸡蛋	植物油	生产辅料	1# 纸箱	2# 纸箱	包装辅料
面包生产车间	4 500	800	600	500	5 000			
蛋糕生产车间	5 000	600	700	750	6 000			
包装车间						1 500	2 000	8 000

23.2022 年 12 月 8 日，支付职工工资，应发 369 380.00 元，代扣养老保险 29 550.40 元，医疗保险 6 882.34 元，失业保险 3 693.80 元，住房公积金 19 089.00 元。

24.2022 年 12 月 8 日，面包生产车间完工椰蓉面包 6 000 千克，手撕面包 5 000 千克。

25.2022 年 12 月 8 日，蛋糕生产车间完工夹心蛋糕 4 000 千克，普通蛋糕 7 000 千克。

26.2022 年 12 月 9 日，远大股份有限公司投资 2 600 000 元购买 1 000 000 股股份。

27.2022 年 12 月 9 日，销售商品给万家购物连锁超市，其中椰蓉面包 300 箱，单价 185 元 / 箱；手撕面包 500 箱，单价 165 元 / 箱；夹心蛋糕 200 箱，单价 205 元 / 箱；普通蛋糕 360 箱，单价 170 元 / 箱。

28.2022 年 12 月 10 日，收到万家购物连锁超市前欠货款。

29.2022 年 12 月 10 日，包装车间入库椰蓉面包 600 箱，手撕面包 700 箱，夹心蛋糕 500 箱，普通蛋糕 900 箱。

30.2022 年 12 月 10 日，支付红星粮油批发公司前欠货款。

31.2022 年 12 月 11 日，收到银行付款通知，支付上月税款。

32.2022 年 12 月 11 日，将自己生产的产品捐赠给红十字会，其中：椰蓉面包 50 箱，手撕面包 60 箱，夹心蛋糕 20 箱，普通蛋糕 100 箱。

33.2022 年 12 月 11 日，向佳美购物连锁超市销售椰蓉面包 800 箱，每箱 165 元；手撕面包 1 000 箱，每箱 150 元；夹心蛋糕 800 箱，每箱 160 元；普通蛋糕 900 箱，每箱 160 元。收到带息的商业承兑汇票一张，利息率 6%，2023 年 3 月 10 日到期。

34.2022 年 12 月 12 日，以 500 元的价格处理已使用 3 年的电脑 1 台。

35.2022 年 12 月 12 日，生产车间领用材料如下：

车间	特质面粉	白砂糖	鸡蛋	植物油	生产辅料	1# 纸箱	2# 纸箱	包装辅料
面包生产车间	5 000	700	500	400	8 000			
蛋糕生产车间	4 000	600	600	350	6 000			
包装车间						1 000	800	1 500

36.2022 年 12 月 12 日，业务部门支付广告费 3 500 元（含税），余款交回。

37.2022 年 12 月 13 日，收到上海路通有限公司邮寄过来的发票和银行付款通知。购买植物油 1 000 千克，单价 35 元 / 千克。

38.2022 年 12 月 13 日，采购员张小凡出差回来报销差旅费 2 850 元。

39.2022 年 12 月 13 日，预付下年度仓库租金 240 000 元（不含税）。

40.2022 年 12 月 13 日，对现金进行清查盘点，发现现金短款 200 元。

41.2022 年 12 月 14 日，面包生产车间完工椰蓉面包 6 000 千克，手撕面包 5 000 千克。

42.2022 年 12 月 14 日，蛋糕生产车间完工夹心蛋糕 4 000 千克，普通蛋糕 6 000 千克。

43.2022 年 12 月 14 日，13 日的现金短款是业务部门张小凡少退回 120 元，其余查无原因。

44.2022 年 12 月 15 日，包装车间程心怡购买办公用品 2 580 元（含税）。

45.2022 年 12 月 15 日，向广东理投证券电汇 500 000 元以备投资。

46.2022 年 12 月 15 日，将开滦股份 50% 的股票售出，具体情况为：50 000 股，每股 10 元，公允价值变动损益 134 000 元，售价每股 15 元。

47.2022 年 12 月 16 日，包装车间完工入库椰蓉面包 600 箱，手撕面包 800 箱，夹心蛋糕 700 箱，普通蛋糕 750 箱。

48.2022 年 12 月 16 日，业务部门张小凡退还现金。

49.2022 年 12 月 16 日，开出转账支票购买办公用品 4 000 元（不含税）。

50.2022 年 12 月 16 日，购买盛华集团发行的 5 年期，面值 50 元，到期还本付息，年利率 6% 的债券 10 000 张，购买价 460 081 元，（其中手续费 32 000 元，当时市场利率 8%）。

51.2022 年 12 月 17 日，委托天津津悦食品有限公司销售椰蓉面包 500 箱、手撕面包 400 箱、夹心蛋糕 500 箱、普通蛋糕 1 000 箱，采用收取手续费方式，受托方按 15% 收取。

52.2022 年 12 月 17 日，生产车间完工入库椰蓉面包 600 箱、手撕面包 700 箱、夹心蛋糕 600 箱、普通蛋糕 1 000 箱。

53.2022 年 12 月 17 日，采用托收承付方式向佳美购物连锁超市销售椰蓉面包 600 箱，每箱 170 元；手撕面包 950 箱，每箱 160 元；夹心蛋糕 750 箱，每箱 200 元；普通蛋糕 800 箱，每箱 170 元。

54.2022 年 12 月 18 日，对面包生产线进行改扩建，预计时间为 10 天。购买工程物资如下：

项目	数量	单位	单价	金额	增值税
配件	2	件	26 000	52 000	6 760
辅料	180	千克	100	18 000	2 340

55.2022 年 12 月 18 日，用支票支付业务招待费 3 180 元。

56.2022 年 12 月 18 日，将佳美购物连锁超市签发的商业汇票到银行承兑，银行贴现

利息 9%。(假定每月 30 天，一年 360 天)

57.2022 年 12 月 19 日，将面包生产线转为在建工程。

58.2022 年 12 月 19 日，改扩建面包生产线领用工程物资。

59.2022 年 12 月 19 日，用转账支票支付广告宣传费 3 000 元。

60.2022 年 12 月 20 日，向红星粮油批发公司赊购特质面粉 5 000 千克，每千克 9.20 元；白砂糖 1 000 千克，每千克 29.00 元；鸡蛋 800 千克，每千克 10.30 元；植物油 600 千克，每千克 36.00 元。付款条件为（2/10,30/n）。

61.2022 年 12 月 20 日，材料验收入库时，发现特质面粉缺少 100 千克，其中 20 千克为运输途中的合理损耗，其余 80 千克为非合理损耗。

62.2022 年 12 月 20 日，面包生产车间完工椰蓉面包 8 000 千克，手撕面包 6 500 千克；蛋糕生产车间完工夹心蛋糕 5 200 千克，普通蛋糕 8 500 千克。

63.2022 年 12 月 21 日，车间领用材料如下：

车间	特质面粉	白砂糖	鸡蛋	植物油	1# 纸箱	2# 纸箱	包装辅助材料
面包生产车间	4 000	300	600	200			
蛋糕生产车间	3 500	250	700	250			
包装车间					800	900	3 000

64.2022 年 12 月 21 日，非合理损耗特质面粉处理时批准计入营业外支出。

65.2022 年 12 月 21 日，接到银行收款通知，佳美购物连锁超市的欠款已入账。

66.2022 年 12 月 21 日，对蛋糕生产线进行维修，支付维修费 6 554 元（含税）。

67.2022 年 12 月 22 日，发出特质面粉 2 000 千克，白砂糖 200 千克，鸡蛋 100 千克，植物油 200 千克，委托四远香食品厂加工饼干。向四远香食品厂支付加工费 5 650 元。

68.2022 年 12 月 22 日，包装车间完工入库椰蓉面包 700 箱、手撕面包 600 箱、夹心蛋糕 500 箱、普通蛋糕 800 箱。

69.2022 年 12 月 23 日，公司将一项专利技术出租给华信烘焙厂使用，收取 10 600 元专利技术使用费（含税）。

70.2022 年 12 月 23 日，向银行借款 2 000 000 元、期限 3 年的专项借款。

71.2022 年 12 月 23 日，以 1 769 100 元的价格购买仓库一座（其中：增值税 144 000 元、契税 24 000 元、印花税等其他税费 1 100 元）。

72.2022 年 12 月 24 日，以 1 500 000 元的价格购入华信机械股份有限公司 20% 的股份，对华信机械股份有限公司有重大影响。购买日华信机械股份有限公司净资产公允价值 9 000 000 元。

73.2022 年 12 月 24 日，开出转账支票支付红星粮油批发公司货款。

74.2022 年 12 月 24 日，收到四远香食品厂加工的饼干 200 箱。

75.2022 年 12 月 25 日，收到天津津悦食品有限公司的销货清单。

76.2022 年 12 月 25 日，收到上海路通有限公司发来的原材料。

77.2022 年 12 月 25 日，收到佳美购物连锁超市的银行汇票，向佳美购物连锁超市销售椰蓉面包 800 箱，每箱 175 元；手撕面包 1 200 箱，每箱 150 元；夹心蛋糕 700 箱，每箱 190 元；普通蛋糕 900 箱，每箱 170 元。

78.2022 年 12 月 25 日，生产车间领用材料如下：

车间	特质面粉	白砂糖	鸡蛋	植物油	生产辅料
面包生产车间	3 000	200	200	200	3 000
蛋糕生产车间	2 000	300	300	250	2 000
包装车间					

79.2022 年 12 月 26 日，公司以 939 975 元的价格购买办公用房六间，其中：增值税 76 500 元、契税 12 750 元、印花税等其他税费 725 元（用于出租该投资性房地产的公允价值能可靠计量）。

80.2022 年 12 月 26 日，接受远大股份有限公司投资办公楼 1 栋，双方协议价 1 200 000 元。

81.2022 年 12 月 26 日，支付宋丽困难补助 3 000 元。

82.2022 年 12 月 27 日，接受瑞德数码城捐赠复印机 1 台，发票价格 12 000 元。

83.2022 年 12 月 27 日，支付职工体检费 7 600 元。

84.2022 年 12 月 27 日，面包生产车间完工椰蓉面包 8 000 千克，手撕面包 6 500 千克；蛋糕生产车间完工夹心蛋糕 5 200 千克，普通蛋糕 8 500 千克。

85.2022 年 12 月 27 日，面包生产车间领用打蛋器 10 个，蛋糕生产车间领用打蛋器 20 个，包装车间领用周转箱 80 只。

86.2022 年 12 月 28 日，报销职工培训费 12 600 元（含税）。

87.2022 年 12 月 28 日，面包生产线扩建完工，支付扩建费 36 000 元（不含税）。

88.2022 年 12 月 28 日，将公司生产的椰蓉面包 60 箱（每箱市价 180 元）、手撕面包 60 箱（每箱市价 160 元）、夹心蛋糕 60 箱（每箱市价 170 元）、普通蛋糕 60 箱（每箱市价 150 元），发给职工。

89.2022 年 12 月 28 日，销售 1 200 千克特质面粉给华信烘焙厂，每千克 10.50 元。

90.2022 年 12 月 29 日，向万家购物连锁超市销售饼干 200 箱，每箱 400 元。

91.2022 年 12 月 29 日，25 日销售给佳美购物连锁超市的产品质量有问题，通过协商，同意给予 5% 折扣，已通过电汇方式退款。

92.2022 年 12 月 29 日，收到天津津悦食品有限公司的代销产品货款。

93.2022 年 12 月 29 日，包装车间完工入库椰蓉面包 600 箱，手撕面包 400 箱，夹心蛋糕 500 箱，普通蛋糕 900 箱。

94.2022 年 12 月 30 日，向万家购物连锁超市销售椰蓉面包 800 箱，每箱 170 元；手撕面包 700 箱，每箱 160 元；夹心蛋糕 700 箱，每箱 200 元；普通蛋糕 900 箱，每箱 160 元。货款尚未收到。

95.2022 年 12 月 30 日，固定资产清查盘盈电脑 1 台，价值 5 500 元。

96.2022 年 12 月 30 日，固定资产清查盘亏打印机 1 台，价值 3 000 元，已提折旧 2 232.5 元。

97.2022 年 12 月 30 日，对固定资产计提折旧。

98.2022 年 12 月 30 日，对无形资产进行摊销。

99.2022 年 12 月 30 日，摊销仓库租金。

100.2022 年 12 月 30 日，确认债权投资收益（假定债权投资是每年付息，票面利率 6%）。

101.2022 年 12 月 30 日，确认其他债权投资收益。

102.2022 年 12 月 30 日，计提借款利息。假定长期借款利息为 5.40%，短期借款利息为 3.60%。

103.2022 年 12 月 30 日，开出转账支票购买礼品 1 500 元，用于工会组织的联欢会。

104.2022 年 12 月 30 日，对存货进行盘点。

105.2022 年 12 月 31 日，分配材料费用。

106.2022 年 12 月 31 日，结转材料成本差异。

107.2022 年 12 月 31 日，结算本月工资。

108.2022 年 12 月 31 日，把福利费计入费用。

109.2022 年 12 月 31 日，按工资总额的 2% 计提工会经费，按 2.50% 计提职工教育经费。

110.2022 年 12 月 31 日，分配水电费。

111.2022 年 12 月 31 日，分配制造费用。

112.2022 年 12 月 31 日，生产成本在产成品和在产品之间进行分配。

113.2022 年 12 月 31 日，结转发出产品成本。

114.2022 年 12 月 31 日，查明白砂糖盘盈为自然原因，鸡蛋盘亏为李丁保管不善造成。

115.2022 年 12 月 31 日，应交城市维护建设税 8 112.18 元，教育费附加 3 476.65 元，印花税 9 509.7 元。

116.2022 年 12 月 31 日，结转增值税。

117.2022 年 12 月 31 日，对应收账款按 10% 计提坏账准备。

118.2022 年 12 月 31 日，计提存货跌价准备（白砂糖现行市价为 20 元 / 千克）。

119.2022 年 12 月 31 日，计提无形资产减值准备（A 配方为 31 000 元）。

120.2022 年 12 月 31 日，编制交易性金融资产公允价值变动损益表。开滦股份当日收盘价为 12 元 / 股；投资性房地产公允价值为 900 000 元。

121.2022 年 12 月 31 日，结转损益类账户。

122.2022 年 12 月 31 日，计提本月所得税。

123.2022 年 12 月 31 日，结转所得税费用。

124.2022 年 12 月 31 日，结转本年利润。

125.2022 年 12 月 31 日，按净利润的 10% 计提法定盈余公积，按净利润的 20% 向投资者分配利润。

126.2022 年 12 月 31 日，结转利润分配。

任务 3.2 实训资料

业务 1

图 1

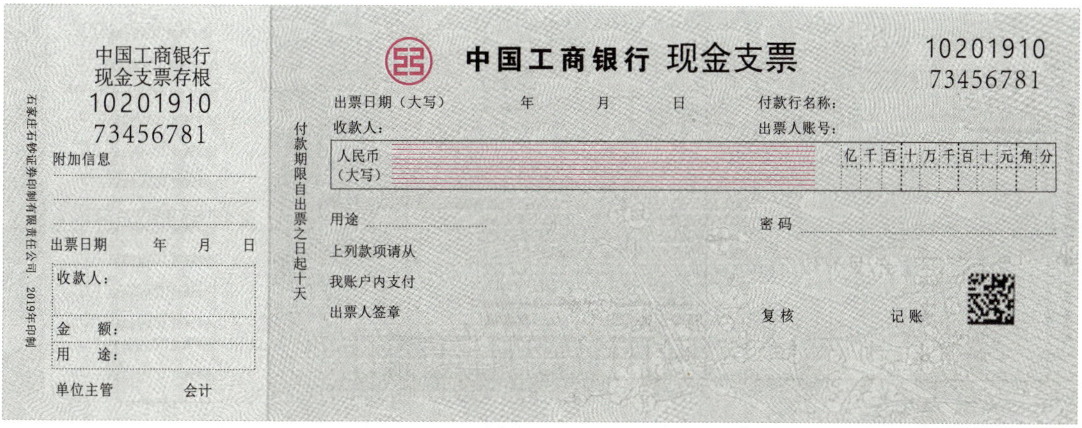

业务 2

图 2

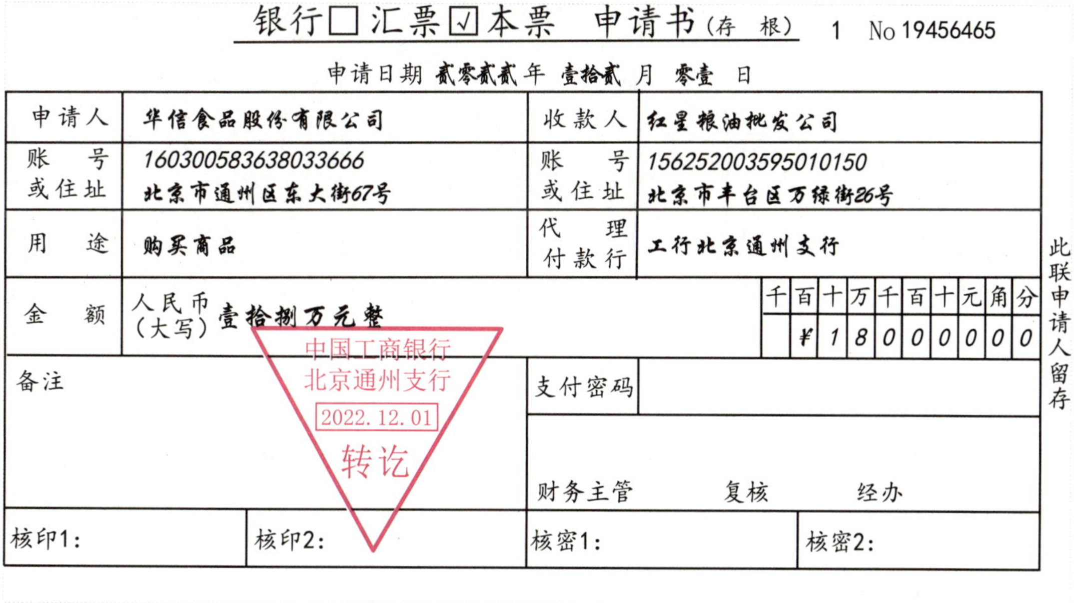

银行□ 汇票□ 本票☑ 申请书（存 根）		1	No 19456465	
申请日期 贰零贰贰年 壹拾贰 月 零壹 日				

申请人	华信食品股份有限公司	收款人	红星粮油批发公司
账号或住址	160300583638033666 北京市通州区东大街67号	账号或住址	156252003595010150 北京市丰台区万绿街26号
用 途	购买商品	代理付款行	工行北京通州支行
金 额	人民币（大写）壹拾捌万元整	千百十万千百十元角分 ¥ 1 8 0 0 0 0 0 0	
备注	中国工商银行 北京通州支行 2022.12.01 转讫	支付密码	
		财务主管 复核 经办	
核印1：	核印2：	核密1：	核密2：

此联申请人留存

图3

工商银行大小额来账回单

交易日期：20221201

| 发起行行号：102100009980 | 付款人行号：102100009980 | 接收行行号：313124001002 | 收款人行号：313124001002 |

发起行名称：中国工商银行北京市分行清算中心　　接款行名称：工行北京丰台支行

付款人姓名：华信食品股份有限公司　　收款行名称：工行北京丰台支行

付款人账号：160300583638033666　　收款人账号：156252003595010150

付款人地址：北京市通州区东大街67号　　收款人地址：北京市丰台区万绿街26号

中国工商银行
北京丰台支行
2022.12.02
办(12)讫

交易金额：人民币（大写）壹拾捌万零贰元壹角贰分　　　　　　　¥180002.12

收报日期：20221202	业务种类：普通汇兑	平台流水号：2020011734764057
业务处理状态：来账已记账	来往标志：来账	入账流水号：622913
支票号：	银承票号：	借贷标志：贷记

附言：

挂账原因：

| 金融自助卡号： | 打印方式：柜面打印 | 打印时间：2022-12-01　16:15:43 |
| 打印机构：331001 | 打印柜员：L9472 | 打印次数：第1次 | 打印状态：正常 |

✂

业务3

图4

借 款 单

资金性质	现金	2022 年 12 月 1 日		字 1 号
借款单位	包装车间			
借款理由	拨付备用金			
借款数额	人民币（大写）叁仟元整		¥ 3 000.00	
主办单位负责人意见：同意		借款人（签章） 董力		
领导指示：同意	会计主管人员审批：李海洋	付款记录：现金付讫		

华信食品股份有限公司
财务专用章

第二联：记账

图 5

借 款 单

资金性质 __现金__ 　　　　 2022 年 12 月 1 日 　　　 字 2 号

借款单位	业务部门	
借款理由	拨付备用金	
借款数额	人民币（大写）**伍仟元整**	￥ 5 000.00
主办单位负责人意见　同意	借款人（签章）	张 力
领导指示： 同意 （财务专用章）	会计主管人员审批： 李海洋	付款记录： 现金付讫

第二联：记账

- ✂

业务 4

图 6

D023268	
北京站 D335 → 上海站 BeiJing Shanghai	02 车 06F 号
2022 年 11 月 30 日 09：03 开	
￥ 328.00 元 网	二等座
限乘当日当次车	
3710021980****2315 杨红	
买票请到 12306 发货请到 95306 中国铁路祝您旅途愉快	
10157310210506D023268 北京售	

D070476	
上海站 D338 → 北京站 Shanghai BeiJing	05 车 16F 号
2022 年 12 月 02 日 06：30 开	
￥ 328.00 元 网	二等座
限乘当日当次车	
3710021980****2315 杨红	
买票请到 12306 发货请到 95306 中国铁路祝您旅途愉快	
10157310210506D023179 北京售	

图 7

上海增值税普通发票

3100191420

发 票 联

№ 01003421

3100191420
01003421

校验码：45998 25984 48745 85999

开票日期：2022年12月02日

购买方	名 称：华信食品股份有限公司 纳税人识别号：11020252311365 9789 地址、电话：北京市通州区东大街67号 010-27606068 开户行及账号：工行北京通州支行 16030058363 8033666	密码区	1-*+*/3-6*30<**-4*554-0*0> 416*/62+36+12570*1-0+*+882 1*<//258</415*40<5+69843*/ 2>121/9*/62+36+8230102/0-5

货物或应税劳务、服务名称	规格型号	单位	数量	单价	金额	税率	税额
*住宿服务*住宿费					1382.52	3%	41.48
合 计					￥1382.52		￥41.48

价税合计（大写）	⊗ 壹仟肆佰贰拾肆元整	（小写）￥1424.00

销售方	名 称：上海市中亚风情时尚宾馆 纳税人识别号：3100029801238 12555 地址、电话：上海市中心路9号 开户行及账号：工行上海天津路支行 7823412415 34154196	备注	上海市中亚风情时尚宾馆 3100029801238 12555 发票专用章

收款人：王一川　　复核：尚东华　　开票人：肖立伟　　销售方：（章）

第二联·发票联·购买方记账凭证

税总函〔2019〕362 号北京东港安全印制有限公司

图 8

差 旅 费 报 销 单

部门：管理部门　　　　　　　　　　2022 年 12 月 2 日　　　　　　　　单位：元

出 差 人	杨红				出差事由	上海开会				

出　　发			到　　达			交通工具	交 通 费		出差补贴		其他费用		
月	日	时	地址	月	日	时	地址		单据张数	金额	天数	金额	项目	单据张数	金额

月	日	时	地址	月	日	时	地址	交通工具	单据张数	金额	天数	金额	项目	单据张数	金额
11	30	9	北京	11	30	14	上海	火车	1	328.00	3	600.00	住宿费	1	1 424.00
12	2	6	上海	12	2	11	北京	火车	1	328.00					
合　　　　计										￥656.00		￥600.00			￥1 424.00

报销总额	人民币（大写）	贰仟伍佰捌拾元整	预借旅费	￥3 000.00	补领金额	
					退还金额	￥320.00

总经理 张志平　　财务主管 李海洋　　审核 王涛　　部门主管 杨红　　制单 杨红

附件 3 张

业务 5

图 9

中国工商银行 转账支票

10201920
44551812

出票日期（大写） 贰零贰贰 年 壹拾贰 月 零贰 日　　付款行名称：工行北京丰台支行

收款人：华信食品股份有限公司　　出票人账号：6222000027700175864

人民币（大写） 贰拾伍万捌仟零玖拾贰元整

亿	千	百	十	万	千	百	十	元	角	分
		¥	2	5	8	0	9	2	0	0

付款期限自出票之日起十天

用途 销售商品　　密码

上列款项请从　　行号

我账户内支付

出票人签章　　顺凯生活购物超市 财务专用章　　赵生平印　　复核　　记账

图 10

北京增值税专用发票

1100192150　　№ 37201237　　1100192150 37201237

机器编码：763248521353

此联不作报销、扣税凭证使用

开票日期：2022年12月02日

购买方
名　　称：顺凯生活购物超市
纳税人识别号：350102784150008078
地 址、电 话：北京市丰台区雀山路140号 010-30892322
开户行及账号：工行北京丰台支行 6222000027700175864

密码区：
1-*+*/3-6*30<**-4*554-1*0>
816*/62+36+141-524-0+*+112
1*<//192</415*40<5+14904*/
3>121/9*/62+36+8230101/1-5

货物或应税劳务、服务名称	规格型号	单位	数量	单价	金额	税率	税额
*焙烤食品*椰蓉面包		箱	400	190.00	76000.00	13%	9880.00
*焙烤食品*手撕面包		箱	300	170.00	51000.00	13%	6630.00
*焙烤食品*夹心蛋糕		箱	240	210.00	50400.00	13%	6552.00
*焙烤食品*普通蛋糕		箱	300	170.00	51000.00	13%	6630.00
合　计					¥228400.00		¥29692.00

价税合计（大写） ⊗ 贰拾伍万捌仟零玖拾贰元整　　（小写）¥258092.00

销售方
名　　称：华信食品股份有限公司
纳税人识别号：110202523113659789
地 址、电 话：北京市通州区东大街67号 010-27606068
开户行及账号：工行北京通州支行 1603005836380336666

备注

收款人：孙佳颖　　复核：李海洋　　开票人：王宏宇　　销售方：（章）

第一联：记账联 销售方记账凭证

税总函[2019] 362 号北京东港安全印刷有限公司

图 11

产品出库单

第 1 号
2022 年 12 月 2 日

单位 华信食品股份有限公司

编号	成品名称	规格	单位	数量	单价	金　额	过账	附注
	椰蓉面包		箱	400	190.00	76 000.00		
	手撕面包		箱	300	170.00	51 000.00		
	夹心蛋糕		箱	240	210.00	50 400.00		
	普通蛋糕		箱	300	170.00	51 000.00		
合			计			￥228 400.00		

仓库负责人 赵 田　　保管员 李 丁　　财务经理 李海洋　　制单 李 丁

第二联：会计记账联

图 12

工商银行　进　账　单 （回单）　1

2022 年 12 月 02 日

出票人	全称	顺凯生活购物超市	收款人	全称	华信食品股份有限公司
	账号	6222000027001758664		账号	160300583638033666
	开户银行	工行北京丰台支行		开户银行	工行北京通州支行

金额	人民币（大写）	贰拾伍万捌仟零玖拾贰元整	亿 千 百 十 万 千 百 十 元 角 分
			￥ 2 5 8 0 9 2 0 0

票据种类	转账支票	票据张数	1
票据号码			

中国工商银行
北京通州支行
2022.12.02
转讫

复核：　记账：　　　开户银行签章

此联是开户银行交给开票人的回单

业务 6

图 13

工 资 结 算 汇 总 表

单位：元

部　门	计时工资	奖　金	津贴补贴	应 扣 工 资		应发工资	代 扣 款 项					小　计	实发工资
				病　假	事　假		养老保险	失业保险	医疗保险	住房公积金	个人所得税		
面包生产车间	50 000.00	17 000.00	2 620.00	300.00	300.00	69 020.00	5 521.60	690.20	875.14	3 500.00	252.99	10 839.93	58 180.07
蛋糕生产车间	50 000.00	16 100.00	2 510.00	400.00	300.00	67 910.00	5 432.80	679.10	1 358.20	3 500.00	208.20	11 178.30	56 731.70
包装车间	39 000.00	7 180.00	2 790.00		100.00	48 870.00	3 909.60	488.70	977.40	2 730.00	24.95	8 130.65	40 739.35
企业储运部门	27 000.00	5 160.00	2 280.00	200.00	100.00	34 140.00	2 731.20	341.40	682.80	1 890.00		5 645.40	28 494.60
企业业务部门	43 700.00	19 350.00	4 750.00	300.00	100.00	67 400.00	5 392.00	674.00	1 348.00	3 059.00	214.44	10 687.44	56 712.56
企业财务部门	36 000.00	9 600.00	2 550.00		600.00	47 550.00	3 804.00	475.50	951.00	2 520.00	293.99	8 044.49	39 505.51
企业管理部门	27 000.00	6 300.00	1 390.00	100.00		34 490.00	2 759.20	344.90	689.80	1 890.00		5 683.90	28 806.10
合　计	272 700.00	80 690.00	18 890.00	1 300.00	1 600.00	369 380.00	29 550.40	3 693.80	6 882.34	19 089.00	994.57	60 210.11	309 169.89

制单 宋丽　　　　审核 杨红　　　　财务主管 李海洋　　　　主管领导 张志平

图 14

工商银行电子缴税付款凭证

转账日期：20221202　　　　　税票号码：313026200100118999

付款人全称：华信食品股份有限公司　　　　纳税人全称：华信食品股份有限公司

付款人账号：160300583638033666　　　　纳税人识别号：110202523113659789

付款人开户行：工行北京通州支行　　　　国库名称：国家金库北京市通州支库

缴税书交易流水号：2119121609128564　　　　收款机关名称：北京市通州区国家税务局

中国工商银行收款
北京通州支行
2022.12.02
苏（12）记

合计金额：人民币（大写）玖佰玖拾肆元伍角柒分　　　　　　　　　　　　¥ 994.57

税（费）种名称	所属日期	实缴金额
个人所得税	20221101　20221130	994.57　回单税种明细显示上限为七条

打印卡号：　　　　　打印方式：柜面打印　　　　　打印时间：2022-12-02　16:15:43

打印机构：331001　　打印柜员：L9472　　打印次数：第1次　　打印状态：正常

图 15

工商银行电子缴税付款凭证

转账日期：20221202　　　　税票号码：3130262001001118999

付款人全称：华信食品股份有限公司　　　　纳税人全称：华信食品股份有限公司

付款人账号：160300583638033666　　　　纳税人识别号：110202523113659789

付款人开户行：工行北京通州支行　　　　国库名称：国家金库北京市通州支库

缴税书交易流水号：2119121609128564　　　　征收机关名称：北京市通州区国家税务局

合计金额：人民币（大写）叁万叁仟贰佰肆拾肆元贰角整　　　　￥33244.20

税（费）种名称	所属日期		实缴金额	
失业保险费	20221101	20221130	3693.80	回单税种明细显示上限为七条
企业职工基本养老保险费	20221101	20221130	29550.40	回单税种明细显示上限为七条

打印卡号：		打印方式：柜面打印	打印时间：2022-12-02　16:15:43	
打印机构：331001	打印柜员：L9472	打印次数：第1次	打印状态：正常	

图 16

工商银行电子缴税付款凭证

转账日期：20221202　　　　税票号码：3130262001001118999

付款人全称：华信食品股份有限公司　　　　纳税人全称：华信食品股份有限公司

付款人账号：160300583638033666　　　　纳税人识别号：110202523113659789

付款人开户行：工行北京通州支行　　　　国库名称：国家金库北京市通州支库

缴税书交易流水号：2119121609128564　　　　征收机关名称：北京市通州区国家税务局

合计金额：人民币（大写）陆仟捌佰捌拾贰元叁角肆分　　　　￥6882.34

税（费）种名称	所属日期		实缴金额	
基本医疗保险费	20221101	20221130	6882.34	回单税种明细显示上限为七条

打印卡号：		打印方式：柜面打印	打印时间：2022-12-02　16:15:43	
打印机构：331001	打印柜员：L9472	打印次数：第1次	打印状态：正常	

图 17

工商银行		网上银行电子回单			
票据张数:网银汇款回单			日期:2022年12月02日		
付款方	账 号	160300583638033666	收款方	账 号	11001986610060007661
	全 称	华信食品股份有限公司		全 称	北京市住房公积金管理中心
	开户银行	工行北京通州支行		开户银行	工行北京通州支行
	行 号	102100000021		行 号	102100000021
金 额		RMB: 19 089.00			
		人民币(大写):壹万玖仟零捌拾玖元整			
流水号		15699876	验证码		RT3VGHJE8xXsN1Yk6McB9ICad4pBI
摘 要		货款			

图 18

业务 7

ICBC 中国工商银行		凭证
		业务回单(付款)
币别:人民币	2022年12月03日	回单编号:16236000789
付款人户名:华信食品股份有限公司		付款人开户行:工行北京通州支行
付款人账号(卡号):160300583638033666		
收款人户名:国网北京市电力公司		收款人开户行:工行北京朝阳支行
收款人账号(卡号):2119121609128564		
金额:壹拾万零叁仟捌佰玖拾元整	小写:103890.00	
业务(产品种类):同城转账	证件种类:000000	凭证号码:000000
摘要:转款	用途:	
交易机构:0165780157	记账柜员:00057	交易代码:3357	渠道:网上银行
客户备注:		
本回单为第一次打印,注意回复	打印日期:2022年12月03日	打印柜员:9	验证码:254328857864

图 19

ICBC 中国工商银行

凭证

业务回单（付款）

币别：人民币　　2022年12月03日　　回单编号：16236000750

付款人户名：华信食品股份有限公司　　付款人开户行：工行北京通州支行

付款人账号（卡号）：1603005836380336666

收款人户名：北京市水利局　　收款人开户行：工行北京朝阳支行

收款人账号（卡号）：2119121609126543

金额：伍万陆仟玖佰贰拾元整　　小写：56920.00

业务（产品种类）：同城转账　　证件种类：000000　　凭证号码：000000

摘要：转款　　用途：

交易机构：0165785677　　记账柜员：00437　　交易代码：3365　　渠道：网上银行

客户备注：

本回单为第一次打印，注意回复　　打印日期：2022年12月03日　　打印柜员：9　　验证码：254328857864

（印章：中国工商银行北京通州支行 自助回单专用章 (01)）

业务 8

图 20

中国工商银行 转账支票

10201920
44551813

出票日期（大写）　贰零贰贰 年　壹拾贰月　零叁 日　　付款行名称：工行北京海淀支行

收款人：华信食品股份有限公司　　出票人账号：4305676670000932222

人民币（大写）	伍万元整	亿	千	百	十	万	千	百	十	元	角	分
					¥	5	0	0	0	0	0	0

付款期限自出票之日起十天

用途　销售商品　　密码

上列款项请从　　行号

我账户内支付

出票人签章　（印章：万家购物连锁超市 财务专用章）（印章：青林印长）　　复核　　记账

图 21

工商银行 进 账 单 (回 单) 1

2022 年 12 月 03 日

出票人	全　称	万家购物连锁超市	收款人	全　称	华信食品股份有限公司
	账　号	430567667000093222		账　号	160300583638033666
	开户银行	工行北京海淀支行		开户银行	工行北京通州支行

金额	人民币(大写)	伍万元整	亿	千	百	十	万	千	百	十	元	角	分
						¥	5	0	0	0	0	0	0

票据种类	转账支票	票据张数	1
票据号码			

中国工商银行
北京通州支行
2022.12.03
转讫

复核: 　　记账: 　　　　　　　　　　开户银行签章

此联是开户银行交给开票人的回单

✂ -

业务 9

图 22

工商银行 本 票 2 15896421
19816545

出票日期(大写) 贰零贰贰 年 壹拾贰 月 零叁 日

收款人: 红星粮油批发公司 　　申请人: 华信食品股份有限公司

凭票即付	人民币(大写)	壹拾陆万捌仟零捌元肆角整	亿	千	百	十	万	千	百	十	元	角	分
					¥	1	6	8	0	0	8	4	0

☑ 转账　　☐ 现金　　　　密押

行号

中国工商银行
北京通州支行
2022.12.03
转讫

提示付款期限自出票之日起贰个月

备注: 　　　　出票签章; 　　出纳　　复核　　经办

图 23

北京增值税专用发票
发票联

1100193130
机器编码：132544567528

№ 12428650

1100193130
12428650

开票日期：2022年12月03日

| 购买方 | 名 称：华信食品股份有限公司 纳税人识别号：110202523113659789 地址、电话：北京市通州区东大街67号 010-27606068 开户行及账号：工行北京通州支行 160300583638033666 | 密码区 | 8-*+*/3-6*30<**-4*554-0*0> 541*/62+38+141-524-0+*+888 1*<//192</415*40<5+14904*/ 2>121/9*/33+36+8230102/9-5 |

货物或应税劳务、服务名称	规格型号	单位	数量	单价	金额	税率	税额
*谷物细粉*特质面粉		千克	18000	8.26	148680.00	13%	19328.40
合　　计					￥148680.00		￥19328.40

| 价税合计（大写） | ⊗壹拾陆万捌仟零捌元肆角整 | （小写）￥168008.40 |

| 销售方 | 名 称：红星粮油批发公司 纳税人识别号：110603001112228789 地址、电话：北京市丰台区万绿街26号 010-89956283 开户行及账号：工行北京丰台支行 156252003595010150 | 备注 | 红星粮油批发公司 110603001112228789 发票专用章 |

收款人：甘婷　　　复核：陆彤　　　开票人：江红　　　销售方：（章）

第三联：发票联 购买方记账凭证

税总函〔2019〕362 号北京东港安全印制有限公司

- ✂

图 24

材料入库单

2022 年 12 月 3 日　　　　　第 1 号

材料名称	计量单位	入库数量	单位成本	金　额	用　途
特质面粉	千克	18 000	8.26	148 680.00	
合　计				￥148 680.00	

财务经理　李海洋　　　部门主任　赵田　　　制单　李丁

第三联 财务部门记账

图 25

ICBC 中国工商银行		凭证

业务回单（付款）

币别：人民币	2022年12月03日	回单编号：16236012750

付款人户名：华信食品股份有限公司　　　　　　付款人开户行：工行北京通州支行

付款人账号（卡号）：160300583638033666

收款人户名：红星粮油批发公司　　　　　　　　收款人开户行：工行北京丰台支行

收款人账号（卡号）：156252003595010150

金额：壹拾陆万捌仟零捌元肆角整　　　　　小写：168008.40

业务（产品种类）：同城转账　　　　证件种类：000000　　　凭证号码：000000

摘要：转款　　　　　　　　　　　用途：

交易机构：0165785677　　　记账柜员：00437　　交易代码：3325　　渠道：网上银行

客户备注：

本回单为第一次打印，注意回复　　打印日期：2022年12月03日　　打印柜员：9　　验证码：254328857864

✂

业务 10

图 26

借 款 单

资金性质	现金	2022 年 12 月 4 日		字 3 号
借款单位	业务部门			
借款理由	出差			
借款数额	人民币（大写）叁仟元整		￥ 3 000.00	
主办单位负责人意见 同意		借款人（签章）张小凡		
领导指示：同意	会计主管人员审批：李海洋	付款记录：现金付讫		

第二联：记账

业务 11

图 27

1100191420 北京增值税普通发票 №46846846

发票联

1100191420
46846846

校验码：45678 25984 48745 85092 开票日期：2022年12月04日

购买方		密码区	
	名　　称：华信食品股份有限公司 纳税人识别号：110202523113659789 地址、电话：北京市通州区东大街67号 010-27606068 开户行及账号：工行北京通州支行 160300583638033666		1-*+*/3-6*30<**-4*504-0*0> 416*/62+36+12570*1-0+*+882 1*<//258</415*40<5+69843*/ 2>121/9*/62+36+8230102/0-5

货物或应税劳务、服务名称	规格型号	单位	数量	单价	金额	税率	税额
*无形资产*专利权					19417.48	3%	582.52
合　　计					¥19417.48		¥582.52
价税合计（大写）	⊗贰万元整				（小写）¥20000.00		

销售方		备注
	名　　称：九安有限公司 纳税人识别号：110020298012381255 地址、电话：北京市中心路9号 开户行及账号：工行北京中心路支行 782341241534154196	九安有限公司 110020298012381255 发票专用章

收款人：张兵　　复核：张顺一　　开票人：霍华　　销售方：（章）

税总函[2019]362号北京东港安全印刷有限公司

第二联：发票联 购买方记账凭证

图 28

中国工商银行
转账支票存根
10201920
44551814

附加信息

出票日期　年　月　日

收款人：

金　额：

用　途：

单位主管　会计

石家庄石钞证券印制有限责任公司 · 2019年印制

中国工商银行 转账支票　10201920 44551814

出票日期（大写）　年　月　日　付款行名称：

收款人：　出票人账号：

人民币（大写）	亿	千	百	十	万	千	百	十	元	角	分

付款期限自出票之日起十天

用途　密码

上列款项请从　行号

我账户内支付

出票人签章　复核　记账

图 29

无形资产验收单

供应单位：九安有限公司

无形资产来源 购入

支票号：

2022 年 12 月 4 日

字第　号

无形资产类别	无形资产名称	规格材质	计量单位	数量	实收数量	金额									
						单价	千	百	十	万	千	百	十	元	角	分
专利技术	专利权					20 000.00		¥	2	0	0	0	0	0	0

检验结果：　　　　检验员签章：

运杂费合计

备注：

单位主管 张志平　　无形资产会计 张而成　　经办人 任晓飞　　制单 任晓飞

（第二联 财务部门记账）

业务 12

图 30

工商银行大小额来账回单

交易日期：20221205

发起行行号：587469009980　付款人行号：587469009980　接收行行号：102100009980　收款人行号：102100009980

发起行名称：中国工商银行上海分行清算中心　　接款行名称：工行北京通州支行

付款人姓名：佳美购物连锁超市　　收款行名称：华信食品股份有限公司

付款人账号：102362100525692012　　收款人账号：160300583638033666

付款人地址：上海市浦东区开山路20号　　收款人地址：北京市通州区东大街67号

（中国工商银行 北京通州支行 2022.12.05 办(12)）

交易金额：人民币（大写）陆万叁仟叁佰玖拾叁元整　　　　¥63393.00

收报日期：20221205	业务种类：普通汇兑	平台流水号：2020011734764060
业务处理状态：来账已记账	来往标志：来账	入账流水号：622912
支票号：	银承票号：	借贷标志：贷记
附言：		
挂账原因：		

金融自助卡号：	打印方式：柜面打印	打印时间：2022-12-05　16:15:43
打印机构：331001	打印柜员：L9472　打印次数：第1次	打印状态：正常

业务 13

图 31

库存现金盘点表

单位：　华信食品股份有限公司　2022 年 12 月 5 日

面额	张数	金额	面额	张数	金额
壹佰元			伍元		
伍拾元	1	50.00	壹元		
贰拾元			伍角		
拾元	1	10.00	壹角		
合计		60.00	合计		

财务主管　李海洋　　记账　李密　　出纳　孙佳颖　　盘点人　王月

第二联　会计记账

业务 14

图 32

银行 ☑ 汇票 □ 本票　申请书（存根）　1　No 45215546

申请日期　贰零贰贰年壹拾贰月　零伍 日

申请人	华信食品股份有限公司	收款人	上海路通有限公司
账号或住址	160300583638033666 北京市通州区东大街67号	账号或住址	370045185185425485 上海市浦东区安心路26号
用途	购买商品	代理付款行	工行北京通州支行

金额	人民币（大写）　壹拾贰万伍仟元整	千	百	十	万	千	百	十	元	角	分
			¥	1	2	5	0	0	0	0	0

备注　　　　财务专用章　　平张印志　　支付密码

财务主管　　复核　　经办

核印1：　　核印2：　　核密1：　　核密2：

此联申请人留存

图33

中国工商银行

银行汇票

15896321
19816543

2

出票日期 贰零贰贰 年壹拾贰月零伍日
（大写）

代理付款行：工行北京通州支行　　　行号：160300583638033666

此联代理付款行付款后作银行往来账借方凭证附件

提示付款期限自出票之日起壹个月

收款人：上海路通有限公司

出款金额　人民币（大写）壹拾贰万伍仟元整

实际结算金额　人民币（大写）壹拾贰万伍仟元整

亿	千	百	十	万	千	百	十	元	角	分
		¥	1	2	5	0	0	0	0	0

申请人：华信食品股份有限公司　　　账号：160300583638033666

出票行：工行北京通州支行　　　行号：

密押：

（中国工商银行北京通州　汇票专用章）

多余金额

千	百	十	万	千	百	十	元	角	分

备注：

凭票付款

复核　　　记账

出票行签章

图34

工商银行大小额来账回单

交易日期：20221205

发起行行号：587469009980　　付款人行号：587469009980　　接收行行号：102100009980　　收款人行号：102100009555

发起行名称：工行北京通州支行　　　接款行名称：农行上海分行

付款人姓名：华信食品股份有限公司　　　收款行名称：农行上海分行

付款人账号：160300583638033666　　　收款人账号：370045185185425485

付款人地址：北京市通州区东大街67号　　（中国工商银行北京通州支行　2022.12.05　办(12)讫）　　收款人地址：上海浦东安心路26号

交易金额： 人民币（大写）壹拾贰万伍仟零陆拾陆元贰角伍分　　　　　　¥125066.25

收报日期：20221205　　　业务种类：普通汇兑　　　　平台流水号：2020011794764500

业务处理状态：来账已记账　　来往标志：来账　　　　入账流水号：622929

支票号：　　　　　　　　银承票号：　　　　　　　　借贷标志：贷记

附言：

挂账原因：

金融自助卡号：　　　　　打印方式：柜面打印　　　　打印时间：2022-12-05　16:15:43

打印机构：331009　　打印柜员：L9472　　打印次数：第1次　　打印状态：正常

业务 15

图 35

中国工商银行 转账支票存根
10201920
44551815

附加信息

出票日期　年　月　日
收款人：
金额：
用途：
单位主管　　会计

中国工商银行　转账支票
10201920
44551815

出票日期（大写）　　年　　月　　日　　付款行名称：
收款人：　　　　　　　　　　　　　　　出票人账号：
人民币（大写）　　　　　　　　　　　　亿 千 百 十 万 千 百 十 元 角 分

用途
上列款项请从
我账户内支付
出票人签章

密码
行号
复核　　　记账

图 36

北京增值税普通发票
发票联
№ 76265462

1100191420
校验码：45678 25984 48745 85421
开票日期：2022年12月05日
1100191420
76265462

购买方	名　称：华信食品股份有限公司 纳税人识别号：11020252311365978 地址、电话：北京市通州区东大街67号 010-27606068 开户行及账号：工行北京通州支行 1603005836338033666	密码区	1-*+*/3-6*30<**-4*554-0*0> 416*/62+36+12570*1-0+*+882 1*<//258</415*40<5+69843*/ 2>121/9*/62+36+8230102/0-5

货物或应税劳务、服务名称	规格型号	单位	数量	单价	金额	税率	税额
*金属制品*包装辅料					36893.20	3%	1106.80
合　　　计					¥36893.20		¥1106.80

价税合计（大写）　⊗ 叁万捌仟元整　（小写）¥38000.00

销售方	名　称：北京祥丰日杂经销部 纳税人识别号：16000432149229155 地址、电话：北京市中心路98号 010-96010889 开户行及账号：工行北京中心路支行 820210734208040256	备注	北京祥丰日杂经销部 16000432149229155 发票专用章

收款人：王嘉陵　　　复核：艾华　　　开票人：郭东伟　　　销售方：（章）

第二联·发票联　购买方记账凭证

税总函[2019] 362 号北京东港安全印制有限公司

图 37

材料入库单

2022 年 12 月 5 日　　　　　　　　　第 2 号

材料名称	计量单位	入库数量	单位成本	金　额	用　途
包装辅料				38 000.00	
合　计				￥38 000.00	

财务经理　李海洋　　　　　　部门主任　赵　田　　　　　　制单　李　丁

第三联　财务部门记账

业务 16

图 38

库存现金盘点表

单位：华信食品股份有限公司　2022 年 12 月 5 日

面额	张数	金额	面额	张数	金额
壹佰元			伍元		
伍拾元	1	50.00	壹元		
贰拾元			伍角		
拾元	1	10.00	壹角		
合计		60.00	合计		

财务主管　李海洋　　记账　李　密　　出纳　孙佳颖　　盘点人　王　月

第二联　会计记账

业务 17

图 39

收 据

No

入账日期：*2022 年 12 月 6 日*

交款单位	**万家购物连锁超市**	收款方式	**现金**

人民币（大写）　**叁仟陆佰元整**　　　　　　　　　¥　　3 600.00

收款事由　**包装物押金**

2022 年 12 月 6 日

单位盖章（财务专用章）

财会主管	记账	出纳	审核	经办人
李海洋	李密	孙佳颖	王涛	孙佳颖

第三联 记账

✂

业务 18

图 40

北京增值税专用发票

1100193130
机器编码：
124185445648

发票联

№ 45468960
1100193130
45468960

开票日期：2022年12月06日

购买方	名　称：华信食品股份有限公司 纳税人识别号：110202523113659789 地址、电话：北京市通州区东大街67号 010-27606068 开户行及账号：工行北京通州支行 160300583638033666	密码区	8-*+*/3-6*30<**-4*554-0*0> 541*/62+38+141-524-0+*+882 1*<//192</415*40<5+14904*/ 2>121/9*/33+36+8230102/9-5

货物或应税劳务、服务名称	规格型号	单位	数量	单价	金额	税率	税额
*电动机*HXDJ-电机		台	1	46000.00	46000.00	13%	5980.00
合　　　计					¥46000.00		¥5980.00

价税合计（大写）	⊗ 伍万壹仟玖佰捌拾元整		（小写）¥51980.00

销售方	名　称：华信机械股份有限公司 纳税人识别号：632200122125463789 地址、电话：北京市昌平区新月路65号 010-89542259 开户行及账号：工行北京昌平支行 625600266558612336	备注	（章）

收款人：张静霞　　　复核：宋晓军　　　开票人：刘凯华　　　销售方：（章）

税总函 [2019] 362 号北京东港安全印制有限公司

第三联：发票联 购买方记账凭证

67

图 41

中国工商银行
转账支票存根
10201920
44551816
附加信息

出票日期 年 月 日
收款人：
金 额：
用 途：
单位主管 会计

石家庄石钞证券印制有限责任公司，2019年印制

中国工商银行 转账支票

10201920
44551816

付款期限自出票之日起十天

出票日期（大写） 年 月 日 付款行名称：
收款人： 出票人账号：

人民币（大写）	亿	千	百	十	万	千	百	十	元	角	分

用途 密码
上列款项请从 行号
我账户内支付
出票人签章 复核 记账

图 42

固定资产验收单

固定资产来源
购入

供应单位：华信机械股份有限公司
支票号： 2022 年 12 月 6 日 字第 号

固定资产类别	固定资产名称	规格材质	计量单位	数量	实收数量	金额 单价	千	百	十	万	千	百	十	元	角	分
机器设备	电机		台	1	1	46 000.00			¥	4	6	0	0	0	0	0
检验结果：合格		检验员签章：				运杂费合计										
备注：																

第二联 财务部门记账

单位主管 张志平 固定资产会计 王 宇 经办人 李玉梅 制单 李玉梅

业务 19

图 43

税总函 [2019] 362 号北京东港安全印刷有限公司

北京增值税专用发票
发票联

1100193130
机器编码：
151545485510

№ 22428600

1100193130
22428600

开票日期：2022年12月06日

密码区	8-*+*/3-6*30<**-4*554-0*0> 541*/62+38+141-524-0+*+882 1*<//192</415*40<5+14904*/ 01>21/9*/33+36+8230102/9-5

购买方 名　称：华信食品股份有限公司
纳税人识别号：110202523113659789
地址、电话：北京市通州区东大街67号　010-27606068
开户行及账号：工行北京通州支行 160300583638033666

货物或应税劳务、服务名称	规格型号	单位	数量	单价	金额	税率	税额
*糖*白砂糖		千克	5000	28.00	140000.00	13%	18200.00
合　　计					￥140000.00		￥18200.00

价税合计（大写）　⊗ 壹拾伍万捌仟贰佰元整　（小写）￥158200.00

销售方 名　称：天津津悦食品有限公司
纳税人识别号：656325638965324263
地址、电话：天津市东风路65号　022-89545359
开户行及账号：工行天津东风路支行 630600266558612666

备注

（天津津悦食品有限公司 656325638965324263 发票专用章）

收款人：张静　　复核：宋军　　开票人：刘华　　销售方（章）

第三联：发票联　购买方记账凭证

图 44

材料入库单

2022 年 12 月 6 日　　　第 3 号

材料名称	计量单位	入库数量	单位成本	金　额	用　途
白砂糖	千克	5 000	28.00	140 000.00	
合　计				￥140 000.00	

财务经理　李海洋　　　部门主任　赵　田　　　制单　李　丁

第三联　财务部门记账

图 45

		工商银行　电汇凭证（借方凭证）　2				

☑普通　□加急　　委托日期 2022 年 12 月 6 日　DH:

汇款人	全　称	华信食品股份有限公司	收款人	全　称	天津津悦食品有限公司
	账　号	160300583638033666		账　号	630600266558612666
	汇出地点	省 北京 市/县		汇出地点	省 北京 市/县
	汇出行名称	工行北京通州支行		汇入行名称	工行天津东风路支行

金额	人民币（大写）	壹拾伍万捌仟贰佰元整	亿 千 百 十 万 千 百 十 元 角 分 ¥ 1 5 8 2 0 0 0 0

此汇款支付给收款人

中国工商银行
北京通州支行
2022.12.06
转讫

支付密码

附加信息及用途：

汇款人签章　　　　复核　　　记账

此联汇出行作借方凭证

------------------------------✂

业务 20

图 46

收　据

No

入账日期：2022 年 12 月 6 日

交款单位	华信食品股份有限公司	收款方式	现金
人民币（大写）	壹佰贰拾陆元整	¥	126.00
收款事由	出借废品		

（财务专用章）

2022 年 12 月 6 日

单位盖章	财会主管 李海洋	记账 李密	出纳 孙佳颖	审核 王涛	经办人 孙佳颖

第三联 记账

业务 21

图 47

北京增值税专用发票 发票联							
1100193130				№ 19560894		1100193130 19560894	
机器编码：151545485511						开票日期：2022年12月07日	

购买方
名　称：华信食品股份有限公司
纳税人识别号：110202523113659789
地址、电话：北京市通州区东大街67号 010-27606068
开户行及账号：工行北京通州支行 1603005836 38033666

密码区
8-*+*/3-6*30<**-4*554-0*0>
544*/62+38+141-524-0+*+882
1*</ /192</415*40<5+14904*/
2>121/9*/33+36+8230102/9-5

货物或应税劳务、服务名称	规格型号	单位	数量	单价	金额	税率	税额
*畜禽产品*鸡蛋		千克	3000	10.00	30000.00	13%	3900.00
*植物油*植物油		千克	2000	36.00	72000.00	13%	9360.00
合　　　计					￥102000.00		￥13260.00
价税合计（大写）	⊗ 壹拾壹万伍仟贰佰陆拾元整				￥115260.00		

销售方
名　称：红星粮油批发公司
纳税人识别号：110603001112228789
地址、电话：北京市丰台区万绿街26号 010-89956283
开户行及账号：工行北京丰台支行 1562520035 95010150

备注
（红星粮油批发公司 110603001112228789 发票专用章）

收款人：甘婷　　　复核：江红　　　开票人：陆彤　　　销售方：（章）

第三联：发票联 购买方记账凭证

税总函[2019] 362 号 北京东港安全印刷有限公司

图 48

北京增值税专用发票 发票联							
1100193130				№ 19560894		1100193130 19560894	
机器编码：151545485511						开票日期：2022年12月07日	

购买方
名　称：华信食品股份有限公司
纳税人识别号：110202523113659789
地址、电话：北京市通州区东大街67号 010-27606068
开户行及账号：工行北京通州支行 1603005836 38033666

密码区
8-*+*/3-6*30<**-4*554-0*0>
544*/62+38+141-524-0+*+882
1*</ /192</415*40<5+14904*/
2>121/9*/33+36+8230102/9-5

货物或应税劳务、服务名称	规格型号	单位	数量	单价	金额	税率	税额
*物流辅助服务*运费					1600.00	6%	96.00
合　　　计					￥1600.00		￥96.00
价税合计（大写）	⊗ 壹仟陆佰玖拾陆元整				￥1696.00		

销售方
名　称：红星粮油批发公司
纳税人识别号：110603001112228789
地址、电话：北京市丰台区万绿街26号 010-89956283
开户行及账号：工行北京丰台支行 1562520035 95010150

备注
（红星粮油批发公司 110603001112228789 发票专用章）

收款人：甘婷　　　复核：江红　　　开票人：陆彤　　　销售方：（章）

第三联：发票联 购买方记账凭证

税总函[2019] 362 号 北京东港安全印刷有限公司

图 49

ICBC 🏦 中国工商银行　　　　　　　　　　　　　　　凭证

业务回单（付款）

币别：人民币	2022年12月07日	回单编号：16236012759

付款人户名：华信食品股份有限公司　　　　　付款人开户行：工商银行北京通州支行

付款人账号（卡号）：160300583638033666

收款人户名：红星粮油批发公司　　　　　　　收款人开户行：工商银行北京丰台支行

收款人账号（卡号）：156252003595010150

金额：壹拾壹万陆仟玖佰伍拾陆元整　　　　　小写：116956.00

业务（产品种类）：同城转账　　　　证件种类：000000　　　凭证号码：000000

摘要：转款　　　　　　　　　　　　用途：

交易机构：0165785677　　　记账柜员：00437　　　交易代码：3325　　　渠道：网上银行

客户备注：

本回单为第一次打印，注意回复　　打印日期：2022年12月07日　　打印柜员：9　　验证码：254328857864

图 50

材料入库单

2022 年 12 月 7 日　　　　　第 4 号

材料名称	计量单位	入库数量	单位成本	金　额	用　途	
鸡蛋	千克	3 000	10.00	30 000.00		第三联 财务部门记账
植物油	千克	2 000	36.00	72 000.00		
合　计				￥102 000.00		

财务经理　李海洋　　　　　部门主任　赵　田　　　　　制单　李　丁

图 51

运杂费计算分配表

存货名称	运费总额	分配率	分配金额
鸡蛋			960
植物油	1 600	0.32	640
合计			

业务 22

图 52

领 料 单

领用部门 __面包生产车间__
产品项目 __生产面包__

2022年 12 月 7 日　　　　　字 1 号

编号	名称及规格	单位	数量 请领	数量 实领	单价	总值	分页	用途
140301	特质面粉	千克	4 500	4 500				
140302	白砂糖	千克	800	800				
140303	鸡蛋	千克	600	600				
140304	植物油	千克	500	500				
141205	生产辅料	千克	5 000	5 000				
合　计								

财务部门 主管 李海洋　记账 李密　保管部门 主管 赵田　发料 孙伟佳　领料部门 主管 吴民　领料 任晓飞

二、交财务部门记账

图 53

领 料 单

领用部门 _蛋糕生产车间_

产品项目 _生产蛋糕_

2022年 12 月 7 日

字 2 号

编 号	名称及规格	单位	数 量		单 价	总 值	分页	用 途
			请领	实领				
140301	特质面粉	千克	5 000	5 000				
140302	白砂糖	千克	600	600				
140303	鸡蛋	千克	700	700				
140304	植物油	千克	750	750				
141205	生产辅料	千克	6 000	6 000				
合 计								

二、交财务部门记账

财务部门主管 李海洋 记账 李密 保管部门主管 赵田 发料 孙伟佳 领料部门主管 吴慧 领料 李玉梅

图 54

领 料 单

领用部门 _包装车间_

产品项目 _包装产成品_

2022年 12 月 7 日

字 3 号

编 号	名称及规格	单位	数 量		单 价	总 值	分页	用 途
			请领	实领				
141201	1#纸箱	个	1 500	1 500				
141202	2#纸箱	个	2 000	2 000				
141204	包装辅料	个	8 000	8 000				
合 计								

二、交财务部门记账

财务部门主管 李海洋 记账 李密 保管部门主管 赵田 发料 孙伟佳 领料部门主管 董力 领料 程心怡

业务 23

图 55

工 资 结 算 汇 总 表

单位：元

部 门	计时工资	奖 金	津贴补贴	应扣工资		应发工资	代扣款项					小 计	实发工资
				病 假	事 假		养老保险	失业保险	医疗保险	住房公积金	个人所得税		
面包生产车间	50 000.00	17 000.00	2 620.00	300.00	300.00	69 020.00	5 521.60	690.20	875.14	3 500.00	252.99	10 839.93	58 180.07
蛋糕生产车间	50 000.00	16 100.00	2 510.00	400.00	300.00	67 910.00	5 432.80	679.10	1 358.20	3 500.00	208.20	11 178.30	56 731.70
包装车间	39 000.00	7 180.00	2 790.00		100.00	48 870.00	3 909.60	488.70	977.40	2 730.00	24.95	8 130.65	40 739.35
企业储运部门	27 000.00	5 160.00	2 280.00	200.00	100.00	34 140.00	2 731.20	341.40	682.80	1 890.00		5 645.40	28 494.60
企业业务部门	43 700.00	19 350.00	4 750.00		300.00	67 400.00	5 392.00	674.00	1 348.00	3 059.00	214.44	10 687.44	56 712.56
企业财务部门	36 000.00	9 600.00	2 550.00		600.00	47 550.00	3 804.00	475.50	951.00	2 520.00	293.99	8 044.49	39 505.51
企业管理部门	27 000.00	6 300.00	1 390.00	100.00	100.00	34 490.00	2 759.20	344.90	689.80	1 890.00		5 683.90	28 806.10
合 计	272 700.00	80 690.00	18 890.00	1 300.00	1 600.00	369 380.00	29 550.40	3 693.80	6 882.34	19 089.00	994.57	60 210.11	309 169.89

制单 宋 丽　　　　审核 杨 红　　　　财务主管 李海洋　　　　主管领导 张志平

- ✂

业务 24

图 56

领 料 单

领用部门　**面包生产车间**

产品项目　**生产面包**　　　　2022年 12月 8日　　　　字 32 号

编号	名称及规格	单位	数 量		单 价	总 值	分页	用 途
			请领	实领				
140601	椰蓉面包	千克	6 000	6 000				二、交财务部门记账
140602	手撕面包	千克	5 000	5 000				
合　计								

财务部门主管 李海洋　记账 李 密　保管部门主管 赵 田　发料 孙嘉伟　领料部门主管 吴 民　领料 任晓飞

业务 25

图 57

领用部门	蛋糕生产车间		领 料 单							
产品项目	生产蛋糕		2022年 12月 8 日					字 31 号		
编号	名称及规格	单位	数量		单价	总值	分页	用途	
			请领	实领					
140603	夹心蛋糕	千克	4 000	4 000					
140604	普通蛋糕	千克	7 000	7 000					
合　计									

财务部门主管　李海洋　记账　李密　保管部门主管　赵田　发料　孙伟佳　领料部门主管　吴慧　领料　李玉梅

二、交财务部门记账

业务 26

图 58

工商银行大小额来账回单

交易日期：20221209

发起行行号：587469009980	付款人行号：587469009980	接收行行号：102100009980	收款人行号：102100009980

发起行名称：中国工商银行上海分行清算中心　　　　接款行名称：工行北京通州支行

付款人姓名：远大股份有限公司　　　　　　　　　　收款行名称：华信食品股份有限公司

付款人账号：102362100525587965　　　　　　　　收款人账号：160300583638033666

付款人地址：上海市浦东区世纪大道200号　　　　　收款人地址：北京市通州区东大街67号

中国工商银行 北京通州支行 2022.12.09 办(12)讫

交易金额：人民币（大写）贰佰陆拾万元整　　　　　　　　　　　￥2600000.00

收报日期：20221209	业务种类：普通汇兑	平台流水号：2020011734764022
业务处理状态：来账已记账	来往标志：来账	入账流水号：622922
支票号：	银承票号：	借贷标志：贷记

附言：

挂账原因：

金融自助卡号：	打印方式：柜面打印	打印时间：2022-12-09　16:15:43
打印机构：331111	打印柜员：L9475	打印次数：第1次	打印状态：正常

业务 27

图 59

中国工商银行 转账支票　　10201920 01185550

出票日期（大写）　贰零贰贰 年　壹拾贰 月　零玖 日　　付款行名称：工行北京海淀支行

收款人：华信食品股份有限公司　　出票人账号：430567667000093222

付款期限自出票之日起十天

人民币（大写）	贰拾柒万壹仟肆佰贰拾陆元整	亿	千	百	十	万	千	百	十	元	角	分
				¥	2	7	1	4	2	6	0	0

用途　货款　　密码

上列款项请从　　行号

我账户内支付

出票人签章　万家购物连锁超市 财务专用章　青林印长　　复核　　记账

图 60

工商银行 进 账 单（回 单）　　1

2022 年 12 月 9 日

出票人			收款人		
	全　称	万家购物连锁超市		全　称	华信食品股份有限公司
	账　号	430567667000093222		账　号	160300583638033666
	开户银行	工行北京海淀支行		开户银行	工行北京通州支行

金额	人民币（大写）	贰拾柒万壹仟肆佰贰拾陆元整	亿	千	百	十	万	千	百	十	元	角	分
					¥	2	7	1	4	2	6	0	0

票据种类	转账支票	票据张数	1
票据号码			

复核：　　记账：　　中国工商银行 北京通州支行 2022.12.09 转讫　　开户银行签章

此联是开户银行交给开票人的回单

图 61

北京增值税专用发票

此联不作报销、扣税凭证使用 No 37201210

1100192150
37201210

机器编码：763248521353

开票日期：2022年12月09日

购买方		
名 称：万家购物连锁超市		
纳税人识别号：350101578804724789		
地 址、电 话：北京市海淀区中汇路47号		
开户行及账号：工行北京海淀区支行 430567667000093222		

密码区：
1-*+*/3-6*30<**-4*554-1*0>
816*/62+36+141-524-0+*+112
1*<//192</415*40<5+14904*/
2>121/9*/62+36+8523101/1-5

货物或应税劳务、服务名称	规格型号	单位	数量	单价	金额	税率	税额
*焙烤食品*椰蓉面包		箱	300	185.00	55500.00	13%	7215.00
*焙烤食品*手撕面包		箱	500	165.00	82500.00	13%	10725.00
*焙烤食品*夹心蛋糕		箱	200	205.00	41000.00	13%	5330.00
*焙烤食品*普通蛋糕		箱	360	170.00	61200.00	13%	7956.00
合 计					¥240200.00		¥31226.00

价税合计（大写）⊗ 贰拾柒万壹仟肆佰贰拾陆元整 （小写）¥271426.00

销售方		
名 称：华信食品股份有限公司		
纳税人识别号：11020252311 3659789		
地 址、电 话：北京市通州区东大街67号 010-27606068		
开户行及账号：工行北京通州支行 160300583638033666		

备注

收款人：孙佳颖 复核：李海洋 开票人：王宏宇 销售方：（章）

图 62

产品出库单

单位 万家购物连锁超市 第 2 号 2022 年 12 月 9 日

编号	成品名称	规格	单位	数量	单价	金额	过账	附注
	椰蓉面包		箱	300	185.00	55 500.00		
	手撕面包		箱	500	165.00	82 500.00		
	夹心蛋糕		箱	200	205.00	41 000.00		
	普通蛋糕		箱	360	170.00	61 200.00		
合 计						¥240 200.00		

仓库负责人 赵田 保管员 李丁 财务经理 李海洋 制单 李丁

业务 28

图 63

中国工商银行 转账支票

10201920
01185559

出票日期（大写） 贰零贰贰 年 壹拾贰月 壹拾 日　　付款行名称：工行北京海淀支行

收款人：华信食品股份有限公司　　出票人账号：430567667000093222

人民币（大写） 贰拾玖万壹仟伍佰捌拾元整

¥ 2 9 1 5 4 0 0 0

付款期限自出票之日起十天

用途 货款

上列款项请从我账户内支付

出票人签章

密码

行号

复核　　记账

图 64

工商银行 进 账 单 （回单） 1

2022 年 12 月 10 日

出票人	全　称	万家购物连锁超市	收款人	全　称	华信食品股份有限公司
	账　号	430567667000093222		账　号	160300583638033666
	开户银行	工行北京海淀支行		开户银行	工行北京通州支行

| 金额 | 人民币（大写） | 贰拾玖万壹仟伍佰捌拾元整 | 亿 | 千 | 百 | 十 | 万 | 千 | 百 | 十 | 元 | 角 | 分 |
| | | | | | ¥ | 2 | 9 | 1 | 5 | 4 | 0 | 0 | 0 |

| 票据种类 | 转账支票 | 票据张数 | 1 |
| 票据号码 | | | |

中国工商银行
北京通州支行
2022.12.10
转讫

复核：　　记账：　　　　　　开户银行签章

此联是开户银行交给开票人的回单

91

业务 29

图 65

产 品 入 库 单

交库部门：包装车间　　　　2022 年 12 月 10 日　　　　　第 1 号

产品名称	编号	计量单位	入库数量	单位成本	金额	用途
椰蓉面包		箱	600			
手撕面包		箱	700			
夹心蛋糕		箱	500			
普通蛋糕		箱	900			

仓库主管　赵 田　　　　　　　　　　　　　　　保管员　李 丁

第二联 会计记账

业务 30

图 66

中国工商银行
转账支票存根
10201920
73456787

附加信息

出票日期　年　月　日

收款人：

金　额：
用　途：

单位主管　　会计

付款期限自出票之日起十天

中国工商银行 转账支票　　　10201920
73456787

出票日期（大写）　年　月　日　　付款行名称：
收款人：　　　　　　　　　　　出票人账号：
人民币
（大写）　　　　　　　　　　　亿千百十万千百十元角分

用途　　　　　　　　　　　　　密码
上列款项请从　　　　　　　　　行号
我账户内支付
出票人签章　　　　　　　复核　　　记账

业务 31

图 67

工商银行 电子缴税付款凭证

转账日期：2022 年 12 月 11 日　　　　　　　　　　　　凭证字号：DJ 06216213

纳税人全称及识别号：华信食品股份有限公司　　110202523113659
付款人全称：华信食品股份有限公司
付款人账号：160300583638033666　　　　征收机关名称：北京市国家税务局
付款人开户银行：工行北京通州支行　　　　收款国库（银行）名称：国家金库北京市支库
小写（金额）金额：￥537423.00　　　　　缴税书交易流水号：15415249851657
大写（金额）金额：伍拾叁万柒仟肆佰贰拾叁元整
税票号码：13513287682165

税（费）种名称	所属时期	实缴金额
增值税	20221101-20221130	294930.00
所得税	20221101-20221130	213000.00
城市维护建设税	20221101-20221130	20645.10
教育费附加	20221101-20221130	8847.90

（盖章：中国工商银行 北京通州支行 2022.12.11 办(12)讫）

第 1 次打印　　　　　　　　　　　　打印时间：20221211

第二联：作付款回单（无银行收讫章无效）　　　复核：　　　　记账：

业务 32

图 68

产品出库单

单位 红十字会　　　　　　　　　　　　　第 3 号
2022 年 12 月 11 日

编号	成品名称	规格	单位	数量	单价	金　额	过账	附注
	椰蓉面包		箱	50				
	手撕面包		箱	60				
	夹心蛋糕		箱	20				
	普通蛋糕		箱	100				
合			计					

仓库负责人 赵 田　　　保管员 李 丁　　　财务经理 李海洋　　　制单 李 丁

第二联：会计记账联

业务 33

图 69

北京增值税专用发票

1100192150　　№ 35981218　　1100192150 35981218

此联不作报销、扣税凭证使用

机器编码：763248521353

开票日期：2022年12月11日

购买方	名　　称：佳美购物连锁超市 纳税人识别号：362102321469625789 地 址、电 话：上海市浦东区开山路20号 021-56921032 开户行及账号：工行上海浦东支行 102362100525692012	密码区	1-*+*/3-6*30<**-4*554-1*0> 816*/62+36+141-524-0+*+112 1*<//192</415*40<5+14904*/ 2>121/9*/62+36+8230101/1-1

货物或应税劳务、服务名称	规格型号	单位	数量	单价	金额	税率	税额
*焙烤食品*椰蓉面包		箱	800	165.00	132000.00	13%	17160.00
*焙烤食品*手撕面包		箱	1000	150.00	150000.00	13%	19500.00
*焙烤食品*夹心蛋糕		箱	800	160.00	128000.00	13%	16640.00
*焙烤食品*普通蛋糕		箱	900	160.00	144000.00	13%	18720.00
合　　计					¥554000.00		¥ 72020.00
价税合计（大写）	⊗ 陆拾贰万陆仟零贰拾元整				（小写）¥626020.00		

销售方	名　　称：华信食品股份有限公司 纳税人识别号：110202523113659789 地 址、电 话：北京市通州区东大街67号 010-27606068 开户行及账号：工行北京通州支行 160300583638033666	备注	

收款人：孙佳颖　　复核：李海洋　　开票人：王宏宇　　销售方：（章）

税总函[2019] 362 号北京东港安全印制有限公司

第一联：记账联 销售方记账凭证

图 70

商业承兑汇票　　2　　25896421 12516545

出票日期（大写）：贰零贰贰 年壹拾贰月 壹拾壹 日

付款人	全　称	佳美购物连锁超市	收款人	全　称	华信食品股份有限公司
	账　号	102362100525692012		账　号	160300583638033666
	开户银行	工行上海浦东支行		开户银行	工行北京通州支行
出票金额	人民币（大写）	陆拾贰万陆仟零贰拾元整		亿千百十万千百十元角分	¥62602000
汇票到期日（大写）	贰零贰叁年叁月壹拾日		付款人开户行	行号	23156
交易合同号码	18916515			地址	上海市浦东区新华路18号

本汇票已经承兑，到期无条件付票款。

佳美购物连锁超市 财务专用章　　李煜 印

承兑人签章

承兑日期 2022 年12 月 11 日

本汇票请予以承兑于到期日付款。

佳美购物连锁超市 财务专用章

出票人签章

此联持票人开户行随托收凭证寄付款人开户行作借方凭证附件

图 71

产品出库单

单位 佳美购物连锁超市

第 9 号
2022 年 12 月 11 日

编号	成品名称	规格	单位	数量	单价	金　额	过账	附注
	椰蓉面包		箱	800				
	手撕面包		箱	1 000				
	夹心蛋糕		箱	800				
	普通蛋糕		箱	900				
合			计					

仓库负责人 赵　田　　　保管员 李　丁　　　财务经理 李海洋　　　制单 李　丁

第二联：会计记账联

业务 34

图 72

固定资产清理单

编号	固定资产名称	原值	已计提折旧	清理原因	清理费用	清理收入

部门领导　　　　　　　　　　　　　　　　　经办人

图 73

收据

No

入账日期：2022 年 12 月 12 日

交款单位	华信食品股份有限公司		收款方式	现金
人民币（大写）	伍佰元整		¥	500.00
收款事由	出售固定资产			

2022 年 12 月 12 日

单位盖章

财会主管	记账	出纳	审核	经办人
李海洋	李密	孙佳颖	王涛	孙佳颖

第三联 记账

✂

业务 35

图 74

领料单

领用部门 面包生产车间
产品项目 生产面包

2022年 12 月 12 日

字 9 号

编号	名称及规格	单位	数量		单价	总值	分页	用途
			请领	实领				
140301	特质面粉	千克	5 000	5 000				
140302	白砂糖	千克	700	700				
140303	鸡蛋	千克	500	500				
140304	植物油	千克	400	400				
141205	生产辅料	千克	8 000	8 000				
合　　计								

财务部门主管	记账	保管部门主管	发料	领料部门主管	领料
李海洋	李密	赵田	孙伟佳	吴民	任晓飞

二 交财务部门记账

图 75

领用部门	蛋糕生产车间		领 料 单							
产品项目	生产蛋糕		2022年 12月 12日						字 8号	
编 号	名 称 及 规 格	单位	数 量		单 价	总 值	分页	用 途	二 交财务部门记账
			请领	实领					
140301	特质面粉	千克	4 000	4 000					
140302	白砂糖	千克	600	600					
140303	鸡蛋	千克	600	600					
140304	植物油	千克	350	350					
141205	生产辅料	千克	6 000	6 000					
合 计									

财务部门主管 李海洋 记账 李密 保管部门主管 赵田 发料 孙伟佳 领料部门主管 吴慧 领料 李玉梅

图 76

领用部门	包装车间		领 料 单							
产品项目	包装产成品		2022年 12月 12日						字 10号	
编 号	名 称 及 规 格	单位	数 量		单 价	总 值	分页	用 途	二 交财务部门记账
			请领	实领					
141201	1#纸箱	个	1 000	1 000					
141202	2#纸箱	个	800	800					
141204	包装辅料	个	1 500	1 500					
合 计									

财务部门主管 李海洋 记账 李密 保管部门主管 赵田 发料 孙伟佳 领料部门主管 董力 领料 程心怡

业务 36

图 77

北京增值税普通发票

No 01145215

发 票 联

1100191420
01145215

校验码：89548 18154 41555 85157

开票日期：2022年12月12日

| 购买方 | 名　称：华信食品股份有限公司
纳税人识别号：11020253113659789
地址、电话：北京市通州区东大街67号 010-27606068
开户行及账号：工行北京通州支行 16030058363803366 | 密码区 | 1-*+*/3-6*30<**-4*554-0*0>
416*/62+36+12570*1-0+*+882
1*<//258</415*40<5+69843*/
2>121/9*/62+36+8230102/0-5 |

货物或应税劳务、服务名称	规格型号	单位	数量	单价	金额	税率	税额
*广告服务*广告宣传费					3398.06	3%	101.94
合　　　计					¥ 3398.06		¥ 101.94
价税合计（大写）	⊗ 叁仟伍佰元整						¥ 3500.00

| 销售方 | 名　称：北京市国香广告店
纳税人识别号：110158554259485515
地址、电话：北京市通州区黄马路66号
开户行及账号：中国工商银行北京通州支行 115156356523154324 | 备注 | 北京市国香广告店
110158554259485515
发票专用章 |

收款人：刘艳芬　　复核：王思纯　　开票人：蔡琴澜　　销售方：（章）

图 78

收　据

No

入账日期：2022 年 12 月 12 日

交款单位	华信食品股份有限公司	收款方式	现金
人民币（大写）	壹仟伍佰元整	¥	1 500.00
收款事由	余款交回		

2022 年 12 月 12 日

单位盖章　华信食品股份有限公司 财务专用章

财会主管	记账	出纳	审核	经办人
李海洋	李密	孙佳颖	王涛	孙佳颖

第二联：发票联 购买方记账凭证

税总函 [2019] 362 号北京东港安全印刷有限公司

第三联 记账

业务 37

图 79

上海增值税专用发票
发票联

3700193130　№ 51562636
3700193130
51562636

机器编码：151545485515

开票日期：2022年12月13日

购买方
名称：华信食品股份有限公司
纳税人识别号：11020252311365 9789
地址、电话：北京市通州区东大街67号 010-27606068
开户行及账号：工行北京通州支行 160300583638033666

密码区：
8-*+*/3-6*30<**-4*554-0*0>
541*/62+38+141-524-0+*+882
1*<//192</415*40<5+14904*/
2>121/9*/33+36+8230102/9-5

货物或应税劳务、服务名称	规格型号	单位	数量	单价	金额	税率	税额
*植物油*植物油		千克	1000	35.00	35000.00	13%	4550.00
合　计					￥35000.00		￥4550.00

价税合计（大写）　⊗ 叁万玖仟伍佰伍拾元整　（小写）￥39550.00

销售方
名称：上海路通有限公司
纳税人识别号：3700562156345 94555
地址、电话：上海市浦东区安心路26号
开户行及账号：农行上海分行 370045185185425485

备注：上海路通有限公司 3700562156345 94555 发票专用章

收款人：付子辰　　复核：吴敏　　开票人：李淑萍　　销售方：（章）

税总函[2019] 362 号北京东港安全印制有限公司

第三联：发票联　购买方记账凭证

业务 38

图 80

D023268
北京站 BeiJing　D335　上海站 Shanghai
2022年12月04日09:03开　　11车01F号
￥328.00元　　网　　二等座
限乘当日当次车
1302291986****2482 张小凡
买票请到12306 发货请到95306
中国铁路祝您旅途愉快
10157310210506D023268　北京售

D070476
上海站 Shanghai　D333　北京站 BeiJing
2022年12月13日06:30开　　08车14F号
￥328.00元　　网　　二等座
限乘当日当次车
1302291986****2482 张小凡
买票请到12306 发货请到95306
中国铁路祝您旅途愉快
10157310210506D023179　北京售

图 81

3700191420	上海增值税普通发票	№ 01113421
	发票联	3700191420 01113421

校验码：45678 25984 48745 85492　　　　开票日期：2022年12月13日

税总函[2019] 362 号北京东港安全印制有限公司

购买方	名　称：	华信食品股份有限公司		密码区	1-*+*/3-6*30<**-4*554-0*0* 406*/62+36+12570*1-0+*+882 1*<//258</415*40<5+69843*/ 2>121/9*/62+36+8230102/0-5
	纳税人识别号：	11020252311365 9789			
	地址、电话：	北京市通州区东大街67号 010-27606068			
	开户行及账号：	工行北京通州支行 160300583638033666			

货物或应税劳务、服务名称	规格型号	单位	数量	单价	金额	税率	税额
*住宿服务*住宿费					1353.40	3%	40.60
合　　　　　计					¥1353.40		¥40.60
价税合计（大写）	⊗ 壹仟叁佰玖拾肆元整				（小写）¥ 1394.00		

销售方	名　称：	上海市中亚风情时尚宾馆		备注	
	纳税人识别号：	31000298 0123812555			
	地址、电话：	上海市中心路9号			
	开户行及账号：	工行上海天津路支行 782341241534154196			

收款人：王一川　　　　复核：尚东华　　　　开票人：肖立伟　　　　销售方：（章）

第二联 发票联 购买方记账凭证

图 82

差 旅 费 报 销 单

部门　业务部门　　　　　　　　　　2022 年 12 月 13 日　　　　　　　　　　单位：元

出差人			张小凡			出差事由		上海采购				
出　　发			到　　达			交通工具	交 通 费		出差补贴		其他费用	
月	日	时	地址	月	日	时	地址		单据张数	金额	天数	金额	项目	单据张数	金额

月	日	时	地址	月	日	时	地址	交通工具	单据张数	金额	天数	金额	项目	单据张数	金额
12	4	9	北京	12	4	14	上海	火车	1	328.00	10	800.00	住宿费	1	1 394.00
12	13	6	上海	12	13	11	北京	火车	1	328.00					
合　　　　　计										¥656.00		¥800.00			¥1 394.00

附件 3 张

报销总额	人民币（大写）	贰仟捌佰伍拾元整	预借旅费	¥3 000.00	补领金额 退还金额	¥150.00

总经理　张志平　　　财务主管　李海洋　　　审核　王 涛　　　部门主管　张 力　　　制单　张小凡

业务 39

图 83

中国工商银行
转账支票存根
10201920
44551818
附加信息

出票日期 年 月 日
收款人：
金 额：
用 途：
单位主管 会计

石家庄石钞证券印制有限责任公司．2019年印制

中国工商银行 转账支票 10201920 44551818

付款期限自出票之日起十天

出票日期（大写） 年 月 日 付款行名称：
收款人： 出票人账号：

人民币（大写）	亿	千	百	十	万	千	百	十	元	角	分

用途 密码
上列款项请从 行号
我账户内支付
出票人签章 复核 记账

图 84

北京增值税专用发票

发票联

1100193130 № 12448600 1100193130 12448600

机器编码：151545485555

开票日期：2022年12月13日

购买方	名 称：华信食品股份有限公司 纳税人识别号：110202523113659789 地 址、电 话：北京市通州区东大街67号 010-27606068 开户行及账号：工行北京通州支行 160300583638033666	密码区	8-*+*/3-6*30<**-4*554-0*0> 541*/62+38+141-524-0+*+882 11*<//92</415*40<5+14904*/ 2>121/9*/33+36+8230102/9-5

货物或应税劳务、服务名称	规格型号	单位	数量	单价	金额	税率	税额
*经营租赁*预付仓库租金					240000.00	9%	21600.00
合 计					¥ 240000.00		¥21600.00
价税合计（大写）	⊗贰拾陆万壹仟陆佰元整				（小写）¥261600.00		

销售方	名 称：北京晶亮有限公司 纳税人识别号：110089585785359655 地 址、电 话：北京市丰台区万绿街49号 开户行及账号：工行北京丰台支行 156289562887485825	备注	

收款人：甘婷 复核：江红 开票人：陆彤 销售方：（章）

北京晶亮有限公司 110089585785359655 发票专用章

第三联：发票联 购买方记账凭证

税总函[2019] 362 号北京东港安全印制有限公司

业务 40

图 85

库存现金盘点表

单位： 华信食品股份有限公司　　2022 年 12 月 13 日

面额	张数	金额	面额	张数	金额
壹佰元	2	200.00	伍元		
伍拾元			壹元		
贰拾元			伍角		
拾元			壹角		
合计		200.00	合计		

财务主管 李海洋　　　记账 李 密　　　　出纳 孙佳颖　　　　盘点人 王 月

第二联 会计记账

业务 41

图 86

领 料 单

领用部门 面包生产车间
产品项目 生产面包　　　　2022年 12 月 14 日　　　　字 34 号

编号	名称及规格	单位	数量 请领	数量 实领	单价	总值	分页	用途
140601	椰蓉面包	千克	6 000	6 000				
140602	手撕面包	千克	5 000	5 000				
合　　计								

财务部门主管 李海洋　记账 李 密　保管部门主管 赵 田　发料 孙伟佳　领料部门主管 吴 民　领料 任晓飞

二 交财务部门记账

业务 42

图 87

领 料 单

领用部门 蛋糕生产车间
产品项目 生产蛋糕
2022年 12 月 14 日
字 33 号

编号	名称及规格	单位	数量 请领	数量 实领	单价	总值	分页	用途
140603	夹心蛋糕	千克	4 000	4 000				
140604	普通蛋糕	千克	6 000	6 000				
合　计								

财务部门主管 李海洋　记账 李密　保管部门主管 赵田　发料 孙伟佳　领料部门主管 吴慧　领料 李玉梅

二 交财务部门记账

业务 43

图 88

库存现金盘点表

单位：华信食品股份有限公司　2022 年 12 月 14 日

面额	张数	金额	面额	张数	金额
壹佰元	2	200.00	伍元		
伍拾元			壹元		
贰拾元			伍角		
拾元			壹角		
合计		200.00	合计		

盘亏原因：业务部门张小凡少退回120元

财务主管 李海洋　记账 李密　出纳 孙佳颖　盘点人 王月

第二联 会计记账

业务 44

图 89

北京增值税普通发票
发票联

1100191420   № 01103421
1100191420
01103421

校验码: 45678 25984 00005 85492   开票日期: 2022 年 12 月 15 日

购买方	名　称: 华信食品股份有限公司 纳税人识别号: 110202523113659 地址、电话: 北京市通州区东大街67号 010-27606068 开户行及账号: 工行北京通州支行 160300583638033666	密码区	4-*+*/3-6*40<**-4*554-0*0> 416*/62+36+12570*1-0+*+882 1*<//258</415*40<5+69843*/ 2>121/9*/62+36+8230102/0-5

货物或应税劳务、服务名称	规格型号	单位	数量	单价	金额	税率	税额
*纸制品*办公用品					2504.85	3%	75.15
合　　　计					¥ 2504.85		¥ 75.15
价税合计 (大写)	⊗ 贰仟伍佰捌拾元整			(小写) ¥ 2580.00			

销售方	名　称: 北京市晨光文具店 纳税人识别号: 110202980123812555 地址、电话: 北京市通州区东大街120号 开户行及账号: 工行北京通州支行 782341241534154196	备注	

收款人: 张天易   复核: 刘子涵   开票人: 张静   销售方: (章)

税总函 [2019] 362 号北京东港安全印制有限公司

第二联·发票联 购买方记账凭证

图 90

收　据   No

入账日期: 2022 年 12 月 15 日

交款单位	华信食品股份有限公司	收款方式	现金
人民币 (大写)	贰仟伍佰捌拾元整	¥	2 580.00
收款事由	办公用品		

2022 年 12 月 15 日

单位盖章	财会主管	记账	出纳	审核	经办人
	刘子涵	杨戬	张天易	刘子涵	杨戬

第三联 记账

业务 45

图 91

工商银行　电汇凭证（借方凭证）　2

☑ 普通　□ 加急　委托日期 2022 年 12 月 15 日　DH：

汇款人	全　称	华信食品股份有限公司
	账　号	160300583638033666
	汇出地点	省 北京 市/县
	汇出行名称	工行北京通州支行

收款人	全　称	广东理投证券
	账　号	663224851674215253
	汇出地点	广东 省 广州 市/县
	汇入行名称	工行白云新城支行

金额 人民币（大写） 伍拾万元整　亿千百十万千百十元角分 ￥ 5 0 0 0 0 0 0 0

此汇款支付给收款人

中国工商银行
北京通州支行
2022.12.15
转讫

支付密码

附加信息及用途：

汇款人签章　　复核　记账

此联汇出行作借方凭证

业务 46

图 92

公允价值变动损益计算表

2022 年 12 月 15 日

股票名称	成本	购买数量（股）	每股市价	公允价值变动损益
开滦股份	500 000.00	50 000.00	10.00	134 000.00

财务主管：李海洋　　　　　　　　　　　　　　　　制表：李赫赫

业务 47

图 93

产品入库单

交库部门：包装车间　　2022 年 12 月 16 日　　第 7 号

产品名称	编号	计量单位	入库数量	单位成本	金　额	用　途
椰蓉面包		箱	600			
手撕面包		箱	800			
夹心蛋糕		箱	700			
普通蛋糕		箱	750			

第二联 会计记账

仓库主管 赵　田　　保管员 李　丁

业务 48

图 94

收　据

No

入账日期：2022 年 12月 16 日

交款单位 张小凡　　收款方式 现金

人 民 币（大写） 壹佰贰拾元整　　¥ 120.00

收款事由 业务部门张小凡退还现金

2022 年 12月 16 日

第三联 记账

单位盖章 华信食品股份有限公司 财务专用章

财会主管 李海洋　记账 李　密　出纳 孙佳颖　审核 王　涛　经办人 孙佳颖

业务49

图95

北京增值税专用发票									

1100193130
机器编码：454851515510

发票联　№ 86002242
1100193130
86002242

开票日期：2022年12月16日

购买方	名　称：华信食品股份有限公司 纳税人识别号：110202523113659789 地址、电话：北京市通州区东大街67号 010-27606068 开户行及账号：工行北京通州支行 160300583638033666	密码区	8-*+*/3-6*30<**-4*554-0*0> 541*/62+38+141-524-0+*+882 1*</1<*/415*40<5+1499204*/ 01>21/9*/33+36+8230102/9-5

货物或应税劳务、服务名称	规格型号	单位	数量	单价	金额	税率	税额
*纸制品*办公用品					4000.00	13%	520.00
合　　计					￥4000.00		￥520.00

价税合计（大写）　⊗ 肆仟伍佰贰拾元整　　（小写）￥4520.00

销售方	名　称：北京市晨光文具店 纳税人识别号：110202980123812555 地址、电话：北京市通州区东大街120号 开户行及账号：工行北京通州支行 782341241534154196	备注	

收款人：张天易　　复核：刘子涵　　开票人：张静　　销售方：（章）

第三联：发票联 购买方记账凭证

税总函[2019] 362 号北京东港安全印制有限公司

图96

中国工商银行 转账支票存根 10201920 44551819	中国工商银行 转账支票	10201920 44551819

附加信息

出票日期　　年　月　日
收款人：
金　额：
用　途：

单位主管　　会计

付款期限自出票之日起十天

出票日期（大写）　　年　月　日　　付款人名称：
收款人：　　　　　　　　　　　　出票人账号：
人民币（大写）　　　　　　　　亿千百十万千百十元角分

用途　　　　　　　　　　　　　密码
上列款项请从　　　　　　　　　行号
我账户内支付
出票人签章　　　　　　复核　　记账

石家庄石华证券印制有限公司 2019年印制

业务 50

图 97

2022 年 12 月 16 日	**成交过户交割单**	
股东编号：	A123 B96 321(存)	成交证券： 海通证券（股票代码 600837）
电脑代号：	147 258	成交数量： 10 000（张）
公司代号：	369	成交价格： 428 081.00
申请编号：	999	成交金额： 428 081.00
申报时间：	10:20:23	标准佣金：
成交时间：	10:20:23	过户费用：
上次余额：		印花税 0.00
本次买入		
本次卖出		应收金额： 428 081.00
本次库存		实收金额： 428 081.00
经办单位：		客户签章：

业务 51

图 98

销 货 清 单

2022 年 12 月 17 日

编号	商品名称	单位	数量	单价	金 额	
1	椰蓉面包	箱	500	180.00	90 000.00	第一联存根（白）第二联客户（红）第三联记账（黄）
2	手撕面包	箱	400	150.00	60 000.00	
3	夹心蛋糕	箱	500	160.00	80 000.00	
4	普通蛋糕	箱	1 000	150.00	150 000.00	
5						
6						
7						
8						
9						
10						
11						
12						
合计大写	叁拾捌万元整					

经办人 李海洋　　　　业务员 张小凡

业务 52

图 99

产品入库单

交库部门：生产车间　　　　2022 年 12 月 17 日　　　　第 8 号

产品名称	编号	计量单位	入库数量	单位成本	金 额	用 途
椰蓉面包		箱	600			
手撕面包		箱	700			
夹心蛋糕		箱	600			
普通蛋糕		箱	1 000			

仓库主管　赵 田　　　　　　　　　　　　　　保管员　李 丁

第二联 会计记账

--------------------------------✂

业务 53

图 100

托收凭证（汇款依据或收账通知）

4

委托日期　2022 年　12 月　17 日　　　付款期限 2022 年 12 月 17 日

业务类型	委托收款（□邮 划、□电 划）　　　托收承付（☑邮 划、□电 划）		
付款人	全 称	佳美购物连锁超市	收款人 全 称 华信食品股份有限公司
	账 号	102362100525692012	账 号 160300583638033666
	地 址	省 上海 市县 开户行 工行上海浦东支行	地 址 省 北京 市县 开户行 工行北京通州支行

金额	人民币（大写）	陆拾壹万零贰佰元整	亿 千 百 十 万 千 百 十 元 角 分　¥ 6 1 0 2 0 0 0 0
款项内容	货款	托收凭据名称 发票	附寄单证张数　2

商品发运情况　　　　　　　　　　　合同名称号码　10063215002321

中国工商银行
上海浦东支行
转讫

备注：　　　　上列款项已划回存入你方账户内

收款人开户银行签章
2022 年　12 月　17 日

复核　李海洋　记账　孙佳颖

此联付款人开户行凭以汇款或收款人开户银行作收账通知

127

图 101

货物或应税劳务、服务名称	规格型号	单位	数量	单价	金额	税率	税额

北京增值税专用发票 № 37201217

机器编码：763248521353

开票日期：2022年12月17日

购买方	名　　称：佳美购物连锁超市 纳税人识别号：362102321469625789 地址、电话：上海市浦东区开山路20号 021-56921032 开户行及账号：工行上海浦东支行 102362100525692012

密码区：
1-*+*/3-6*30<**-4*554-1*0>
816*/62+36+141-524-0+*+112
1*</ /192</415*40<5+14904*/
1>121/9*/62+36+8230101/1-5

货物或应税劳务、服务名称	规格型号	单位	数量	单价	金额	税率	税额
*焙烤食品*椰蓉面包		箱	600	170.00	102000.00	13%	13260.00
*焙烤食品*手撕面包		箱	950	160.00	152000.00	13%	19760.00
*焙烤食品*夹心蛋糕		箱	750	200.00	150000.00	13%	19500.00
*焙烤食品*普通蛋糕		箱	800	170.00	136000.00	13%	17680.00
合　　计					￥540000.00		￥70200.00

价税合计（大写）⊗ 陆拾壹万零贰佰元整　　　（小写）￥610200.00

销售方	名　　称：华信食品股份有限公司 纳税人识别号：110202523113659789 地址、电话：北京市通州区东大街67号 010-27606068 开户行及账号：工行北京通州支行 160300583638033666	备注

收款人：孙佳颖　　　复核：李海洋　　　开票人：王宏宇　　　销售方：（章）

第一联：记账联 销售方记账凭证

税总函[2019] 362 号北京东港安全印刷有限公司

1100192150
37201217

图 102

产 品 出 库 单

第 8 号
2022年 12月 17日

单位 华信食品股份有限公司

编号	成品名称	规格	单位	数量	单价	金　额	过账	附注
	椰蓉面包		箱	600	170.00	102 000.00		
	手撕面包		箱	950	160.00	152 000.00		
	夹心蛋糕		箱	750	200.00	150 000.00		
	普通蛋糕		箱	800	170.00	136 000.00		
合　　　　　计						￥540 000.00		

仓库负责人 赵 田　　　保管员 李 丁　　　财务经理 李海洋　　　制单 李 丁

第二联：会计记账联

业务 54

图 103

北京增值税专用发票
发票联
№ 12428614

1100193130
机器编码：151545555577

1100193130
12428614

开票日期：2022年12月18日

购买方	名　称：华信食品股份有限公司 纳税人识别号：1102025231136597 89 地　址、电话：北京市通州区东大街67号 010-27606068 开户行及账号：工行北京通州支行 160300583638033666

密码区

3-*+*/3-8*30<**-4*554-0*0>
000*/62+38+141-524-0+*+882
1*<//192</415*40<5+14904*/
2>121/9*/33+36+8230102/9-5

货物或应税劳务、服务名称	规格型号	单位	数量	单价	金额	税率	税额
*机器设备*面包生产附件		件	2	26 000.00	52000.00	13%	6760.00
*建筑服务*工程物资辅料		千克	180	100.00	18000.00	13%	2340.00
合　　　　计					￥70000.00		￥9100.00
价税合计（大写）	⊗ 柒万玖仟壹佰元整				（小写）￥79100.00		

销售方	名　称：华信机械有限公司 纳税人识别号：110986518654124124 地　址、电话：北京市通州区东大街98号 010-27602567 开户行及账号：工行北京通州支行 157252003595014433

备注

收款人：甘一通　　复核：江表应　　开票人：陆图理　　销售方：（章）

第三联：发票联 购买方记账凭证

税总函〔2019〕362 号北京东港安全印制有限公司

图 104

中国工商银行 转账支票

10201920
01185551

出票日期（大写）　贰零贰贰 年　壹拾贰 月　壹拾捌 日　　付款行名称：工行北京通州支行

收款人：华信机械有限公司　　出票人账号：160300583638033666

人民币（大写）	柒万玖仟壹佰元整	亿	千	百	十	万	千	百	十	元	角	分
					￥	7	9	1	0	0	0	0

用途：购买工程物资

上列款项请从
我账户内支付

出票人签章

密码

行号

复核　　记账

付款期限自出票之日起十天

业务 55

图 105

税总函[2019] 362 号北京东港安全印制有限公司

北京增值税专用发票

发 票 联

1100193130　　№ 28601231　　1100193130 28601231

机器编码：335485771515

开票日期：2022年12月18日

购买方	名　　称：华信食品股份有限公司 纳税人识别号：110202523113659789 地 址 、电 话：北京市通州区东大街67号 010-27606068 开户行及账号：工行北京通州支行 1603005836380333666	密码区	8-*+*/3-8*30<**-4*554-0*0> 841*/62+38+141-524-0+*+882 8*<//192</415*40<5+14904*/ 2>121/9*/33+36+8230102/9-5

货物或应税劳务、服务名称	规格型号	单位	数量	单价	金额	税率	税额
*餐饮服务*业务招待费					3000.00	6%	180.00
合　　计					¥3000.00		¥180.00
价税合计（大写）	⊗ 叁仟壹佰捌拾元整				（小写）¥3180.00		

销售方	名　　称：北京市绝味美食店 纳税人识别号：110118961518518515 地 址 、电 话：北京市通州区马朱路120号 开户行及账号：工行北京通州支行 161895184554154848	备注	

收款人：刘顺达　　复核：马华正　　开票人：刘彩琴　　销售方：（章）

第三联：发票联　购买方记账凭证

（印章：北京市绝味美食店 110118961518518515 发票专用章）

图 106

中国工商银行
转账支票存根
10201920
44551820

附加信息

出票日期　　年　　月　　日

收款人：

金　额：

用　途：

单位主管　　会计

石家庄石钞证券印制有限责任公司 · 2019年印制

中国工商银行 转账支票　　10201920 44551820

出票日期（大写）　　年　　月　　日　　付款行名称：

收款人：　　出票人账号：

人民币（大写）	亿	千	百	十	万	千	百	十	元	角	分

付款期限自出票之日起十天

用途　　密码

上列款项请从　　行号

我账户内支付

出票人签章　　复核　　记账

业务 56

图 107

工商银行大小额来账回单

	交易日期：20221218

发起行行号：587469009980　　付款人行号：587469009980　　　　接收行行号：102100009980　　收款人行号：102100009980

发起行名称：中国工商银行上海分行清算中心　　　　　　接款行名称：工行北京通州支行

付款人姓名：佳美购物连锁超市　　　　　　　　　　　收款行名称：华信食品股份有限公司

付款人账号：1023621005256920 12　　　　　　　　　收款人账号：160300583638033666

付款人地址：上海市浦东区开山路20号　　　　　　　　收款人地址：北京市通州区东大街67号

交易金额：人民币（大写）陆拾贰万陆仟零贰拾元整　　　　　　　　　　￥626020.00

收报日期：20221218	业务种类：普通汇兑		平台流水号：2020011794764060
业务处理状态：来账已记账	来往标志：来账		入账流水号：622969
支票号：	银承票号：		借贷标志：贷记
附言：			
挂账原因：			
金融自助卡号：	打印方式：柜面打印	打印时间：2022-12-18　16:15:43	
打印机构：331009	打印柜员：L9472	打印次数：第1次	打印状态：正常

（印章：中国工商银行北京通州支行　2022.12.18　办(12)证）

图 108

应收票据利息计算表

2022 年 12 月 18 日

票据种类	贴现利息	票面金额	626 020.00
计息时间	2022 年 12 月 18 日	票面利率	9%
应得利息	人民币（大写）　伍万陆仟叁佰肆拾壹元捌角		￥56 341.80

复合：李海洋　　　　　　　　　　　　制表：张　力

业务 57

图 109

固定资产更新改造通知

经批准可以对面包生产线进行改造，该生产线原值 395 658.67 元，折旧 361 341.33 元。

经办人：任晓飞　　车间主任：吴民　　财务：李海洋　　总经理：张志平

- ✂

业务 58

图 110

领 料 单

领用部门	面包生产车间								
产品项目	生产强化木地板		2022 年 12 月 19 日					字 11 号	
编号	名称及规格	单位	数量 请领	数量 实领	单价	总值	分页	用途	二 交财务部门记账
1001	配件	件	2	2	2 600.00				
1002	辅料				18 000.00				
合　　计									

财务部门主管：李海洋　记账：李密　　保管部门主管：赵田　发料：孙伟佳　　领料部门主管：吴民　领料：任晓飞

业务 59

图 111

北京增值税普通发票 发票联						

1100191420
№ 01145715
1100191420
01145715

校验码：56758 18154 41555 85157

开票日期：2022年12月19日

购买方	名　称：华信食品股份有限公司 纳税人识别号：11020252311365978 地址、电话：北京市通州区东大街67号 010-27606068 开户行及账号：工行北京通州支行 160300583638033666	密码区	1-*+*/3-6*30<**-4*554-0*0> 416*/62+36+12570*1-0+*+882 4*<//258</415*40<5+69843*/ 4>121/9*/62+36+8230102/0-5

货物或应税劳务、服务名称	规格型号	单位	数量	单价	金额	税率	税额
*广告服务*广告宣传费					2912.62	3%	87.38
合　　　计					¥ 2912.62		¥ 87.38

价税合计（大写）　⊗ 叁仟元整　　　（小写）¥ 3000.00

销售方	名　称：北京市国香广告店 纳税人识别号：110158554259485515 地址、电话：北京市通州区黄马路66号 开户行及账号：工行北京通州支行 115156356523154324	备注	北京市国香广告店 110158554259485515 发票专用章

收款人：刘艳芬　　　复核：王思纯　　　开票人：蔡琴澜　　　销售方：（章）

图 112

中国工商银行 转账支票
10201920
01185552

出票日期（大写）　贰零贰贰 年　壹拾贰月　壹拾玖 日　　付款行名称：工行北京通州支行

收款人：北京国香广告公司　　　出票人账号：160300583638033666

人民币（大写）　叁仟元整

亿	千	百	十	万	千	百	十	元	角	分
				¥	3	0	0	0	0	0

用途：广告宣传费

上列款项请从

我账户内支付

出票人签章

付款期限自出票之日起十天

密码

行号

复核　　　记账

华信食品股份有限公司 财务专用章

孙佳颖印

业务 60

图 113

北京增值税专用发票

发票联

№ 12428600

1100193130

1100193130
12428600

机器编码：
151545555515

开票日期：2022年12月20日

购买方	名 称：华信食品股份有限公司
	纳税人识别号：1102025231136597899
	地址、电话：北京市通州区东大街67号 010-27606068
	开户行及账号：工行北京通州支行 160300583638033666

密码区：
8-*+*/3-6*30<**-4*554-0*0>
541*/62+38+141-524-0+*+882
1*<//192</415*40<5+14904*/
2>121/9*/33+36+8230102/9-5

货物或应税劳务、服务名称	规格型号	单位	数量	单价	金额	税率	税额
*谷物细粉*特质面粉		千克	5000	9.20	46000.00	13%	5980.00
*糖*白砂糖		千克	1000	29.00	29000.00	13%	3770.00
*畜禽产品*鸡蛋		千克	800	10.30	8240.00	13%	1071.20
*植物油*植物油		千克	600	36.00	21600.00	13%	2808.00
合　　　计					￥104840.00		￥13629.20

价税合计（大写）	⊗ 壹拾壹万捌仟肆佰陆拾玖元贰角	（小写）￥118469.20

销售方	名 称：红星粮油批发公司
	纳税人识别号：110603001112228789
	地址、电话：北京市丰台区万绿街26号 010-89956283
	开户行及账号：工行北京丰台支行 156252003595010150

备注

红星粮油批发公司
110603001112228789
发票专用章

收款人：甘婷　　复核：陆彤　　开票人：江红　　销售方：（章）

税总函[2019] 362 号北京东港安全印制有限公司

第三联：发票联　购买方记账凭证

---- ✂ ----

图 114

材料入库单

2022 年 12 月 20 日　　　第 5 号

材料名称	计量单位	入库数量	单位成本	金　额	用　途
特质面粉	千克	5 000	9.20	46 000.00	
白砂糖	千克	1 000	29.00	29 000.00	
鸡蛋	千克	800	10.30	8 240.00	
植物油	千克	600	36.00	21 600.00	
合　计				￥104 840.00	

财务经理　李海洋　　　部门主任　赵　田　　　制单　李　丁

第三联 财务部门记账

业务 61

图 115

材料入库单

2022 年 12 月 20 日　　　第 6 号

材料名称	计量单位	入库数量	单位成本	金　额	用　途
特质面粉	千克	100			
合　计					

财务经理　李海洋　　　部门主任　赵　田　　　制单　李　丁

第三联　财务部门记账

业务 62

图 116

领　料　单

领用部门　包装车间
产品项目　包装产品　　　2022 年 12 月 20 日　　　字12号

编号	名称及规格	单位	数量 请领	数量 实领	单价	总　值	分页	用途
140601	椰蓉面包	千克	8 000	8 000				
140602	手撕面包	千克	6 500	6 500				
140603	夹心蛋糕	千克	5 200	5 200				
140604	普通蛋糕	千克	8 500	8 500				
合　　计								

财务部门主管　李海洋　记账　李密　保管部门主管　赵田　发料　孙伟佳　领料部门主管　董力　领料　程心怡

二　交财务部门记账

143

业务 63

图 117

领 料 单

领用部门 面包生产车间
产品项目 生产面包

2022 年 12 月 21 日   字 13 号

| 编号 | 名称及规格 | 单位 | 数量 | | 单价 | 总值 | 分页 | 用途 |
			请领	实领				
140301	特质面粉	千克	4 000	4 000				
140302	白砂糖	千克	300	300				
140303	鸡蛋	千克	600	600				
140304	植物油	千克	200	200				
合 计								

财务部门主管 李海洋　记账 李密　保管部门主管 赵田　发料 孙伟佳　领料部门主管 吴民　领料 任晓飞

二、交财务部门记账

图 118

领 料 单

领用部门 蛋糕生产车间
产品项目 生产蛋糕

2022 年 12 月 21 日   字 14 号

| 编号 | 名称及规格 | 单位 | 数量 | | 单价 | 总值 | 分页 | 用途 |
			请领	实领				
140301	特质面粉	千克	3 500	3 500				
140302	白砂糖	千克	250	250				
140303	鸡蛋	千克	700	700				
140304	植物油	千克	250	250				
合 计								

财务部门主管 李海洋　记账 李密　保管部门主管 赵田　发料 孙伟佳　领料部门主管 吴慧　领料 李玉梅

二、交财务部门记账

图 119

领 料 单

领用部门　包装车间

产品项目　包装产成品

2022 年 12 月 21 日　　　　　　　字 15 号

编号	名称及规格	单位	数量		单价	总值	分页	用途
			请领	实领				
141201	1#纸箱	个	800	800				
141202	2#纸箱	个	900	900				
141204	包装辅料	个	3 000	3 000				
合 计								

财务部门主管　李海洋　记账　李密　保管部门主管　赵田　发料　孙伟佳　领料部门主管　董力　领料　程心怡

二　交财务部门记账

--- ✂ ---

业务 64

图 120

财产物资盘点报告单

类别：存货　　　　　　2022 年 12 月 21 日

名称	规格	单位	单价	账面数		盘点数		盘盈		盘亏		备注
				数量	金额	数量	金额	数量	金额	数量	金额	
特质面粉		千克		5 000		4 900				100		
合 计						4 900						

原因分析：20 千克为合理损耗，80 千克为非合理损耗　审批意见：计入营业外支出

单位盖章　　　　　　　　　　　财务负责人　李海洋　　　制表　李月

147

业务 65

图 121

工商银行大小额来账回单

交易日期：20221221

发起行行号：587469009980　　付款人行号：587469009980　　接收行行号：102100009980　　收款人行号：102100009980

发起行名称：中国工商银行上海分行清算中心　　　　　　接款行名称：工行北京通州支行

付款人姓名：佳美购物连锁超市　　　　　　　　　　收款行名称：华信食品股份有限公司

付款人账号：102362100525692012　　　　　　　　收款人账号：160300583638033666

付款人地址：上海市浦东区开山路20号　　　　　　　收款人地址：北京市通州区东大街67号

交易金额：人民币（大写）陆拾壹万零贰佰元整　　　　　　　　　　　　¥610200.00

中国工商银行
北京通州支行
2022.12.21
办(12)记

收报日期：20221221　　　业务种类：普通汇兑　　　　平台流水号：2020011794764067

业务处理状态：来账已记账　　来往标志：来账　　　　　入账流水号：622999

支票号：　　　　　　　　　银承票号：　　　　　　　　借贷标志：贷记

附言：

挂账原因：

金融自助卡号：　　　　　　打印方式：柜面打印　　　　打印时间：2022-12-21　16:15:43

打印机构：331009　　打印柜员：L9472　　打印次数：第1次　　打印状态：正常

业务 66

图 122

北京增值税专用发票
发 票 联

1100193130　　No 12328111

1100193130
12328111

机器编码：151335458555

开票日期：2022年12月21日

购买方	名　称：华信食品股份有限公司
	纳税人识别号：110202523113659789
	地　址、电　话：北京市通州区东大街67号 010-27606068
	开户行及账号：工行北京通州支行 160300583638033666

密码区：3-*+*/3-8*30<**-4*554-0*0>541*/62+38+141-52-11+*+1111*<//192</415*40<5+14904*/2>121/9*/33+36+8230102/9-5

货物或应税劳务、服务名称	规格型号	单位	数量	单价	金额	税率	税额
*劳务*维修费					5800.00	13%	754.00
合　　　　计					¥5800.00		¥754.00

价税合计（大写）　⊗ 陆仟伍佰伍拾肆元整　　　（小写）¥6554.00

销售方	名　称：北京市铁山建材店
	纳税人识别号：110165156415485845
	地　址、电　话：北京市大兴区黄徐路43号
	开户行及账号：工行北京大兴区支行 541557485248551165

北京市铁山建材店
110165156415485845
发票专用章

收款人：马白虹　　　复核：刘璐　　　开票人：余晓玲　　　销售方：（章）

税总函[2019] 362 号北京东港安全印制有限公司

第三联：发票联 购买方记账凭证

图 123

中国工商银行 转账支票 10201920 44551822

出票日期（大写） 贰零贰贰 年 壹拾贰 月 贰拾壹 日　付款行名称：工行北京通州支行

收款人：北京铁山建材店　出票人账号：16030058363803366

付款期限自出票之日起十天

人民币（大写）	亿	千	百	十	万	千	百	十	元	角	分
陆仟伍佰伍拾肆元整					¥	6	5	5	4	0	0

用途 维修费　密码

上列款项请从　行号

我账户内支付

出票人签章　华信食品股份有限公司 财务专用章　平张印志　复核　记账

业务 67

图 124

领料单

领用部门 四通香食品厂

产品项目 生产饼干

2022 年 12 月 22 日　字 16 号

编号	名称及规格	单位	数量		单价	总值	分页	用途
			请领	实领				
1001	特质面粉	千克	2 000	2 000				
1002	白砂糖	千克	200	200				
1003	鸡蛋	千克	100	100				
1004	植物油	千克	200	200				
合计								

二 交财务部门记账

财务部门主管 李海洋　记账 李密　保管部门主管 赵田　发料 孙伟佳　领料部门主管 吴年　领料 任腾飞

图 125

中国工商银行 转账支票

10201920
01185553

出票日期（大写） 贰零贰贰 年 壹拾贰 月 贰拾贰 日　　付款行名称：工行北京通州支行

收款人：华信食品股份有限公司　　出票人账号：16030058363803366

付款期限自出票之日起十天

人民币（大写）	亿	千	百	十	万	千	百	十	元	角	分
伍仟陆佰伍拾元整					¥	5	6	5	0	0	0

用途 加工费　　密码

上列款项请从　　行号

我账户内支付

出票人签章　华信食品股份有限公司 财务专用章　平张印志　　复核　　记账

业务 68

图 126

产品入库单

交库部门：包装车间　　2022 年 12 月 22 日　　第 19 号

产品名称	编号	计量单位	入库数量	单位成本	金　额	用　途
椰蓉面包		箱	700			
手撕面包		箱	600			
夹心蛋糕		箱	500			
普通蛋糕		箱	800			

第二联 会计记账

仓库主管 赵　田　　保管员 李　丁

业务69

图 127

北京增值税专用发票

机器编号：763248521353

№ 37201219
1100192150
37201219

此联不作报销、抵税凭证使用

开票日期：2022年12月23日

税总函[2019] 362 号北京东港安全印制有限公司

| 购买方 | 名　　称：华信烘培厂 纳税人识别号：110986518654158555 地址、电话：北京市大兴区建国路30号 开户行及账号：工行北京大兴支行 453185454545457415 | 密码区 | 1-*+*/3-6*30<**-4*554-1*0> 816*/62+36+141-524-0+*+112 6*<//192</415*40<5+14904*/ 2>121/9*/62+36+8230101/1-5 |

货物或应税劳务、服务名称	规格型号	单位	数量	单价	金额	税率	税额
*无形资产*专利技术使用费					10000.00	6%	600.00
合　　　计					￥10000.00		￥ 600.00

| 价税合计（大写） | ⊗ 壹万零陆佰元整 | （小写）￥10600.00 |

| 销售方 | 名　　称：华信食品股份有限公司 纳税人识别号：110202523113659789 地址、电话：北京市通州区东大街67号 010-27606068 开户行及账号：工行北京通州支行 160300583638033666 | 备注 | |

收款人：孙佳颖　　　复核：李海洋　　　开票人：王宏宇　　　销售方：（章）

第一联：记账联 销售方记账凭证

图 128

中国工商银行 转账支票

10201920
01185556

出票日期（大写）贰零贰贰 年 壹拾贰 月 贰拾叁 日

收款人：华信食品股份有限公司

付款行名称：工行北京大兴支行

出票人账号：4531854545454574153

人民币（大写）壹万零陆佰元整　￥1060000

用途：专利技术使用费

上列款项请从我账户内支付

出票人签章

付款期限自出票之日起十天

密码

行号

复核　　　记账

图 129

工商银行 进 账 单 （回 单） 1

2022 年 12 月 23 日

出票人	全 称	华信烘焙厂	收款人	全 称	华信食品股份有限公司
	账 号	453185454545457415		账 号	160300583638033666
	开户银行	工行北京大兴支行		开户银行	工行北京通州支行

金额 人民币（大写） 壹万零陆佰元整　　　　　￥ 1 0 6 0 0 0 0

票据种类 转账支票　票据张数 1

票据号码

中国工商银行 北京通州支行 2022.12.23 转讫

复核：　记账：　　　　开户银行签章

此联是开户银行交给开票人的回单

业务 70

图 130

借款合同

借款单位：（以下简称借款方）华信食品股份有限公司

贷款单位：（以下简称贷款方）中国工商银行北京通州支行

借款方为购置生产线需要，特向贷款方申请借款，经贷款方审核同意发放。为明确双方责任，恪守信用，特签订本合同，共同遵守。

第一，借款方向贷款方借款人民币（大写）贰佰万元整，期限三年，从 2022 年 12 月 23 日至 2025 年 12 月 23 日，年利率为 6%。自支用贷款之日起，按月计算利息，按季结息，到期归还本金。

第二，贷款方应如期向借款方发放贷款，否则，按违约数额和延期天数，付给借款方违约金。违约金数额的计算，与逾期贷款罚息相同，即为 10%。

第三，贷款利率，按年利率 6%。

第四，借款方应按协议使用贷款，不得转移用途。否则，贷款方有权提前终止协议。

第五，借款方保证按借款合同所订期限归还贷款本息。如需延期，借款方应在贷款到期前 3 天提出延期申请，经贷款方同意，办理延期手续。但延期最长不得超过原订合同期限的一半。贷款方未同意延期或未办理延期手续的逾期贷款，应加收罚息。

　　第六，借款方以房产（价值 200 万元）作为借款抵押，产权证件由贷款方保管（或公证机关保管）。公证费由借款方负担。

　　第七，贷款到期，借款方未归还贷款，又未办理延期手续，贷款方有权依照法律程序处理借款方作为贷款抵押的物资和财产，抵还借款本息。

　　第八，本合同书正版 2 份，借贷方各执 1 份。

　　第九，本合同自签订之日起生效，贷款本息全部偿清后失效。

借款单位（人）：华信食品股份有限公司　　贷款单位：中国工商银行北京通州支行（签章）

负责人　张志平　　　　　　　　　　　　审批组长：黄怀英

签约日期：2022 年 12 月 23 日　　　　　　签约日期：2022 年 12 月 23 日

业务 71

图 131

ICBC 中国工商银行		凭证
		业务回单（付款）

币别：人民币　　　　　　2022年12月23日　　　　回单编号：16236012700

付款人户名：华信食品股份有限公司　　　　付款人开户行：工行北京通州支行

付款人账号（卡号）：160300583638033666

收款人户名：红星地产有限公司　　　　　　收款人开户行：工行北京丰台支行

收款人账号（卡号）：156252003587210150

金额：壹佰柒拾陆万玖仟壹佰元整　　　小写：1769100.00

业务（产品种类）：同城转账　　　证件种类：000000　　凭证号码：000000

摘要：转款　　　　　　　　　用途：

交易机构：0165785677　　　记账柜员：00437　　交易代码：3325　　渠道：网上银行

客户备注：

本回单为第一次打印，注意回复　　打印日期：2022年12月21日　　打印柜员：9　　验证码：254328857864

业务 72

图 132

投资协议书

2022 年 12 月 24 日

投资单位（甲方）	华信食品股份有限公司	接受单位（乙方）	华信机械股份有限公司
账号或地址	160300583638033666	账号或地址	156252003595010000
开户行	工行北京通州支行	开户行	工行北京丰台支行
投资金额	人民币（大写）壹佰伍拾万元整		
协议条款	经双方友好协议达成如下协议：1. 投资期限 5 年。 2. 在投资期限内甲方不得抽回投资。 3. 在投资期限内乙方保证甲方投资保值和增值。 4. 在投资期限内乙方应按利润分配规定支付甲方利润。 5. 未尽事宜另行商定。 张婉晴印 甲方代表签字： 李里里印 乙方代表签字：		

图 133

ICBC 中国工商银行　　凭证

业务回单（付款）

币别：人民币　　2022年12月24日　　回单编号：16236012789

付款人户名：华信食品股份有限公司　　付款人开户行：工行北京通州支行

付款人账号（卡号）：160300583638033666

收款人户名：华信机械股份有限公司　　收款人开户行：工行北京昌平支行

收款人账号（卡号）：625600266558612336

金额：壹佰伍拾万元整　　小写：1500000.00

业务（产品种类）：同城转账　　证件种类：000000　　凭证号码：000000

摘要：转款　　用途：

交易机构：0165785677　　记账柜员：00437　　交易代码：3325　　渠道：网上银行

客户备注：

本回单为第一次打印，注意回复　　打印日期：2022年12月24日　　打印柜员：9　　验证码：254328857864

中国工商银行北京通州支行 自助回单专用章（01）

业务 73

图 134

中国工商银行
转账支票存根
10201920
44551823

附加信息

出票日期　年　月　日
收款人：
金　额：
用　途：
单位主管　会计

中国工商银行 转账支票

10201920
44551823

出票日期（大写）　年　月　日
收款人：
付款行名称：
出票人账号：

人民币
（大写）

亿千百十万千百十元角分

用途
密码

上列款项请从
行号

我账户内支付

出票人签章
复核　记账

付款期限自出票之日起十天

业务 74

图 135

产品入库单

交库部门：四远香食品厂　　　2022 年 12 月 24 日　　　第 10 号

产品名称	编号	计量单位	入库数量	单位成本	金　额	用　途
饼干		箱	200			

仓库主管　赵　田　　　　　　　　　保管员　李　丁

第二联 会计记账

业务 75

图 136

销货清单

2022 年 12 月 25 日

编号	商品名称	单位	数量	单价	金　额
1	椰蓉面包	箱	500	180.00	90 000.00
2	手撕面包	箱	400	150.00	60 000.00
3	夹心蛋糕	箱	500	160.00	80 000.00
4	普通蛋糕	箱	1 000	150.00	150 000.00
5					
6					
7					
8					
9					
10					
11					
12					
合计大写	叁拾捌万元整				

经办人 李海洋　　　　　　业务员 张小凡

第一联存根（白）　第二联客户（红）　第三联记账（黄）

业务 76

图 137

材料入库单

2022 年 12 月 25 日　　　　第 7 号

材料名称	计量单位	入库数量	单位成本	金　额	用　途
植物油	千克	1 000	35.00	35 000.00	
合计				￥35 000.00	

财务经理 李海洋　　　　部门主任 赵　田　　　　制单 李　丁

第三联　财务部门记账

业务 77

图 138

北京增值税专用发票 № 37201666

此联不作扣税凭证使用

1100192150
37201666

机器编码：763248521353

开票日期：2022年12月25日

购买方	名　称：佳美购物连锁超市
	纳税人识别号：362102321469625789
	地址、电话：上海市浦东区开山路20号　021-56921032
	开户行及账号：工行上海浦东支行　102362100525692012

密码区：
1-*+*/3-6*30<**-4*554-1*0>
816*/62+36+141-524-0+*+112
1*<///192</415*40<5+14852*/
2>121/9*/62+36+8230101/1-5

货物或应税劳务、服务名称	规格型号	单位	数量	单价	金额	税率	税额
*焙烤食品*椰蓉面包		箱	800	175.00	140000.00	13%	18200.00
*焙烤食品*手撕面包		箱	1200	150.00	180000.00	13%	23400.00
*焙烤食品*夹心蛋糕		箱	700	190.00	133000.00	13%	17290.00
*焙烤食品*普通蛋糕		箱	900	170.00	153000.00	13%	19890.00
合　　计					￥606000.00		￥78780.00

价税合计（大写）　⊗ 陆拾捌万肆仟柒佰捌拾元整　　（小写）￥684780.00

销售方	名　称：华信食品股份有限公司	备注
	纳税人识别号：11020252311365978	
	地址、电话：北京市通州区东大街67号　010-27606068	
	开户行及账号：工行北京通州支行　160300583638033666	

收款人：孙佳颖　　复核：李海洋　　开票人：王宏宇　　销售方：（章）

第一联：记账联　销售方记账凭证

税总函[2019] 362 号北京东港安全印制有限公司

业务 78

图 139

领 料 单

领用部门	面包生产车间								
产品项目	生产面包		2022 年 12 月 25 日					字 18 号	

编号	名称及规格	单位	数量		单价	总值	分页	用途
			请领	实领				
140301	特质面粉	千克	3 000	3 000				
140302	白砂糖	千克	200	200				
140303	鸡蛋	千克	200	200				
140304	植物油	千克	200	200				
141205	生产辅料	千克	3 000	3 000				
合　　计								

财务部门主管 李海洋　记账 李密　保管部门主管 赵田　发料 孙伟佳　领料部门主管 吴民　领料 任晓飞

二 交财务部门记账

图 140

领 料 单

领用部门 蛋糕生产车间
产品项目 生产蛋糕　　　　2022 年 12 月 25 日　　　　字 17 号

编号	名称及规格	单位	数量 请领	数量 实领	单价	总值	分页	用途
140301	特质面粉	千克	2 000	2 000				
140302	白砂糖	千克	300	300				
140303	鸡蛋	千克	300	300				
140304	植物油	千克	250	250				
141205	生产辅料	千克	2 000	2 000				
	合　计							

财务部门 主管 李海洋 记账 李密　保管部门 主管 赵田 发料 孙伟佳　领料部门 主管 吴慧 领料 李玉梅

二交财务部门记账

业务 79

图 141

ICBC中国工商银行　　　　凭证

业务回单（付款）

币别：人民币　　　　2022年12月26日　　　　回单编号：16236012700
付款人户名：华信食品股份有限公司　　　付款人开户行：工行北京通州支行
付款人账号（卡号）：160300583638033666

收款人户名：红星地产有限公司　　　　收款人开户行：工行北京丰台支行
收款人账号（卡号）：156252003587210150
金额：玖拾叁万玖仟玖佰柒拾伍元整　　　小写：939975.00

业务（产品种类）：同城转账　　证件种类：000000　　凭证号码：000000
摘要：转款　　　　　用途：
交易机构：0165785677　　记账柜员：00437　　交易代码：3325　　渠道：网上银行（01）
客户备注：

本回单为第一次打印，注意回复　　打印日期：2022年12月26日　　打印柜员：9　　验证码：254328857864

业务 80

图 142

<table>
<tr>
<td colspan="4" style="text-align:center">投资协议书
2022 年 12 月 26 日</td>
</tr>
<tr>
<td>投资单位（甲方）</td>
<td>远大股份有限公司</td>
<td>接受单位（甲方）</td>
<td>华信食品股份有限公司</td>
</tr>
<tr>
<td>账号或地址</td>
<td>568970583638033666</td>
<td>账号或地址</td>
<td>160300583638033666</td>
</tr>
<tr>
<td>开户行</td>
<td>工行北京朝阳支行</td>
<td>开户行</td>
<td>工行北京通州支行</td>
</tr>
<tr>
<td>投资金额</td>
<td colspan="3">人民币（大写）壹佰贰拾万元整</td>
</tr>
<tr>
<td>协议条款</td>
<td colspan="3">经双方友好协商达成如下协议：1. 投资期限 5 年。 2. 在投资期限内甲方（投资单位）不得抽回投资。 3. 在投资期限内乙方（接受单位）保证甲方的投资保值和增值。 4. 在投资期限内乙方应按利润分配规定支付甲方利润。 5. 未尽事宜另行商定。

甲方代表签字：   乙方代表签字：</td>
</tr>
</table>

业务 81

图 143

困难补助说明

经查实，本公司员工宋丽家庭经济困难，特批准 3 000 元的困难补助给予个人。

2022 年 12 月 26 日

业务 82

图 144

固定资产验收单

固定资产来源
捐赠

供应单位：瑞德数码城

支票号：　　　　　　　　2022 年 12 月 27 日

字第　　号

固定资产类别	固定资产名称	规格材质	计量单位	数量	实收数量	金　　　额									
						单价	千	百	十	万	千	百	十	元	角	分
机器设备	复印机		台	1	1	12 000.00			¥	1	2	0	0	0	0	0

检验结果：合格	检验员签章：	运杂费合计	
备注：			

单位主管	李海洋	固定资产会计	王 宇	经办人	宋 丽	制单	宋 丽

第二联 财务部门记账

业务 83

图 145

中央医疗门诊收费票据

51011707123152

国财 05101

业务流水号：43014000140142001140022 医疗机构类型：综合医院 病历号：0002307223 NO.1707123152

姓名：华信食品股份有限公司		性别：	医保类型：		社会保障卡号：	
收费项目	金额	收费项目	金额	收费项目		金额
体检费	7600.00					

合计（大写）：柒仟陆佰元整	¥ 7600.00

预缴金额：	补缴金额：	退缴金额：
基金支付：7600.00	个人账户支付：	个人支付金额： 0.00

收款单位（章）：中日友好医院	收款人：江原	2022年12月27日

第一联 收据联 盖章有效 遗失不补

业务 84

图 146

领 料 单

领用部门 <u>包装车间</u>
产品项目 <u>包装产品</u>

2022 年 12 月 27 日　　　　字 19 号

编　号	名称及规格	单位	数　量		单　价	总　值	分页	用　途
			请领	实领				
140601	椰蓉面包	千克	8 000	8 000				
140602	手撕面包	千克	6 500	6 500				
140603	夹心蛋糕	千克	5 200	5 200				
140604	普通蛋糕	千克	8 500	8 500				
合　　　计								

财务部门主管 李海洋　记账 李密　保管部门主管 赵田　发料 孙伟佳　领料部门主管 董力　领料 程心怡

二 交财务部门记账

业务 85

图 147

领 料 单

领用部门 <u>面包生产车间</u>
产品项目 <u>生产面包</u>

2022 年 12 月 27 日　　　　字 20 号

编　号	名称及规格	单位	数　量		单　价	总　值	分页	用　途
			请领	实领				
141203	打蛋器	个	10	10				
合　　　计								

财务部门主管 李海洋　记账 李密　保管部门主管 赵田　发料 孙伟佳　领料部门主管 吴民　领料 任晓飞

二 交财务部门记账

图 148

领用部门	蛋糕生产车间								

领 料 单

产品项目　生产蛋糕　　　　　2022 年 12 月 27 日　　　　　字 21 号

编号	名称及规格	单位	数量		单价	总值	分页	用途
			请领	实领				
141203	打蛋器	个	20	20				
合　　　　计								

财务部门主管　李海洋　记账　李密　保管部门主管　赵田　发料　孙伟佳　领料部门主管　吴慧　领料　李玉梅

二、交财务部门记账

图 149

领 料 单

领用部门	包装车间								

产品项目　包装产成品　　　　　2022 年 12 月 27 日　　　　　字 22 号

编号	名称及规格	单位	数量		单价	总值	分页	用途
			请领	实领				
	周转箱	只	80	80				
合　　　　计								

财务部门主管　李海洋　记账　李密　保管部门主管　赵田　发料　孙伟佳　领料部门主管　董力　领料　程心怡

二、交财务部门记账

业务 86

图 150

上海增值税普通发票					No 01113661		3700191420 01113661
发 票 联							

3700191420

校验码：45678 25984 48745 85466　　　　　开票日期：2022年12月28日

购买方	名　　称：华信食品股份有限公司 纳税人识别号：11020252311365978 地址、电话：北京市通州区东大街67号 010-27606068 开户行及账号：工行北京通州支行 160300583638033666	密码区	1-*+*/3-6*30<**-4*554-0*0> 416*/62+36+12570*1-0+*+882 1*<//258</415*40<5+69843*/ 2>121/9*/62+36+823000/00-5

货物或应税劳务、服务名称	规格型号	单位	数量	单价	金额	税率	税额
*非学历教育费*培训费					12233.01	3%	366.99
合　　计					¥12233.01		¥366.99

价税合计（大写）　　⊗ 壹万贰仟陆佰元整　　　　　（小写）¥ 12600.00

销售方	名　　称：上海市学而非思教育机构 纳税人识别号：310002980123812666 地址、电话：上海市安远路59号 开户行及账号：工行上海安远路支行 7823412415341588886	备注	

收款人：王川　　　　复核：尚希华　　　　开票人：肖同伟

第二联 发票联 购买方记账凭证

税总函[2019] 362 号北京东港安全印制有限公司

业务 87

图 151

北京增值税专用发票					No 02428600		1100193130 02428600
发 票 联							

1100193130

机器编码：151545555565　　　　　开票日期：2022年12月28日

购买方	名　　称：华信食品股份有限公司 纳税人识别号：11020252311365 地址、电话：北京市通州区东大街67号 010-27606068 开户行及账号：中国工商银行北京通州支行 160300583638033666	密码区	8-*+*/3-6*30<**-4*554-0*0> 541*/62+38+141-524-0+*+882 1*<//192</415*40<5+14904*/ 7>121/9*/33+36+8230102/9-7

货物或应税劳务、服务名称	规格型号	单位	数量	单价	金额	税率	税额
*建筑服务*扩建费					36000.00	13%	4680.00
合　　计					¥ 36000.00		¥ 4680.00

价税合计（大写）　　⊗ 肆万零陆佰捌拾元整　　　　　（小写）¥ 40680.00

销售方	名　　称：上海市紫华建筑有限公司 纳税人识别号：310002980123666666 地址、电话：上海市顺通路79号 开户行及账号：工行上海顺通路支行 7823412415366668886	备注	

收款人：王大川　　　　复核：尚提华　　　　开票人：肖伟

第三联 发票联 购买方记账凭证

税总函[2019] 362 号北京东港安全印制有限公司

图 152

中国工商银行 转账支票

10201920
44551824

付款期限自出票之日起十天

出票日期（大写） 贰零贰贰 年 壹拾贰 月 贰拾捌 日　　付款行名称：工行北京海淀支行

收款人：上海市紫华建筑有限公司　　出票人账号：430567667000093222

人民币（大写）	亿	千	百	十	万	千	百	十	元	角	分
肆万零陆佰捌拾元整				¥	4	0	6	8	0	0	0

用途 支付扩建费　　密码

上列款项请从　　行号

我账户内支付

出票人签章　　华信食品股份有限公司 财务专用章　　张平印志　　复核　　记账

图 153

固定资产验收单

固定资产来源

供应单位：

支票号：　　年　月　日　　字第　号

固定资产类别	固定资产名称	规格材质	计量单位	数量	实收数量	单价	千	百	十	万	千	百	十	元	角	分
检验结果：		检验员签章：			运杂费合计											
备注：																

第二联 财务部门记账

单位主管　　固定资产会计　　经办人　　制单

业务 88

图 154

产品出库单

单位 发给职工　　　　　　　　　　　　　　　　　　　　　第 13 号
2022 年 12 月 28 日

编号	成品名称	规格	单位	数量	单价	金　额	过账	附注
	椰蓉面包		箱	60	180.00	10 800.00		
	手撕面包		箱	60	160.00	9 600.00		
	夹心蛋糕		箱	60	170.00	10 200.00		
	普通蛋糕		箱	60	150.00	9 000.00		
合			计			39 600.00		

仓库负责人 赵 田　　　保管员 李 丁　　　财务经理 李海洋　　　制单 李 丁

第二联：会计记账联

业务 89

图 155

领 料 单

领用部门 华信烘焙厂
产品项目 生产蛋糕　　　　　2022 年 12 月 28 日　　　　　字 35 号

编号	名称及规格	单位	数量（请领）	数量（实领）	单价	总 值	分页	用途
	特质面粉	千克	1 200	1 200				
合　计								

财务部门主管 李海洋　记账 李密　保管部门主管 赵 田　发料 孙伟佳　领料部门主管 吴 图　领料 李非梅

二 交财务部门记账

图 156

北京增值税专用发票					

1100192150
1100192150
37200018

机器编码：763248521353

此联不作报销、抵税凭证使用

№ 37000218

开票日期：2022年12月28日

购买方	名　　称：华信烘焙厂

纳税人识别号：110986518654158555
地址、电话：北京市大兴区建国路30号
开户行及账号：工行北京大兴支行　453185454545457415

密码区：
1-*+*/3-6*30<**-4*259-1*0>
816*/62+36+141-524-0+*+112
1*<//192</415*40<5+14904*/
2>121/9*/62+36+8230101/1-5

货物或应税劳务、服务名称	规格型号	单位	数量	单价	金额	税率	税额
*谷物细粉*特质面粉		千克	1200	10.50	12600.00	13%	1638.00
合　　计					¥ 12600.00		¥ 1638.00

价税合计（大写）	⊗ 壹万肆仟贰佰叁拾捌元整	（小写）¥14238.00

销售方	名　　称：华信食品股份有限公司

纳税人识别号：110202523113659
地址、电话：北京市通州区东大街67号　010-27606068
开户行及账号：工行北京通州支行　1603005836380333666

备注

收款人：孙佳颖　　　复核：李海洋　　　开票人：王宏宇　　　销售方：（章）

第一联：记账联　销售方记账凭证

税总函[2019]362号北京东港安全印制有限公司

图 157

业务 90

北京增值税专用发票					

1100192150
1100192150
37201218

机器编码：763248521353

此联不作报销、抵税凭证使用

№ 37201218

开票日期：2022年12月29日

购买方	名　　称：万家购物连锁超市

纳税人识别号：350101578804724789
地址、电话：北京市海淀区中汇路47号
开户行及账号：工行北京海淀支行　430567667000093222

密码区：
1-*+*/3-6*30<**-4*554-1*0>
816*/62+36+141-524-0+*+112
1*<//192</415*40<5+14904*/
5>121/9*/62+36+8230101/1-5

货物或应税劳务、服务名称	规格型号	单位	数量	单价	金额	税率	税额
*焙烤食品*饼干		箱	200	400.00	80000.00	13%	10400.00
合　　计					¥ 80000.00		¥ 10400.00

价税合计（大写）	⊗ 玖万零肆佰元整	（小写）¥90400.00

销售方	名　　称：华信食品股份有限公司

纳税人识别号：110202523113659789
地址、电话：北京市通州区东大街67号　010-27606068
开户行及账号：工行北京通州支行　1603005836380333666

备注

收款人：孙佳颖　　　复核：李海洋　　　开票人：王宏宇　　　销售方：（章）

第一联：记账联　销售方记账凭证

税总函[2019]362号北京东港安全印制有限公司

图 158

中国工商银行 转账支票

10201920
01185558

出票日期（大写） 贰零贰贰 年 壹拾贰 月 贰拾玖 日　　付款行名称：工行北京海淀区支行

收款人：华信食品股份有限公司　　出票人账号：4305676670000093222

付款期限自出票之日起十天

人民币（大写）	亿	千	百	十	万	千	百	十	元	角	分
玖万零肆佰元整				¥	9	0	4	0	0	0	0

用途 货款　　密码

上列款项请从　　行号

我账户内支付

出票人签章　　万家购物连锁超市 财务专用章　　青林 印长　　复核　　记账

图 159

产品出库单

第 4 号

单位 万家购物连锁超市　　2022年 12月 29 日

编号	成品名称	规格	单位	数量	单价	金额	过账	附注
	饼干		箱	200	400.00	80 000.00		
合				计		¥80 000.00		

第二联：会计记账联

仓库负责人 赵田　　保管员 李丁　　财务经理 李海洋　　制单 李丁

业务 91

图 160

北京增值税专用发票

1100192150
机器编号：
763248521353

No 37201215

1100192150
37201215

此联不作报销、抵扣凭证使用

开票日期：2022年12月29日

| 购买方 | 名　　称：佳美购物连锁超市
纳税人识别号：362102321469625789
地址、电话：上海市浦东区开山路20号 021-56921032
开户行及账号：工行上海浦东支行 10236210052569201 | | | | | 密码区 | 1-*+*/3-6*30<**-4*554-1*0>
216*/62+36+141-524-0+*+112
1*<//192</415*40<5+14904*/
2>121/9*/62+36+8230101/1-5 | | |

货物或应税劳务、服务名称	规格型号	单位	数量	单价	金额	税率	税额
*焙烤食品*椰蓉面包		箱	-40	175.00	7000.00	13%	910.00
*焙烤食品*手撕面包		箱	-60	150.00	9000.00	13%	1170.00
*焙烤食品*夹心蛋糕		箱	-35	190.00	6650.00	13%	864.50
*焙烤食品*普通蛋糕		箱	-45	170.00	7650.00	13%	994.50
合　　　　计					￥ 30300.00		￥ 3939.00

价税合计（大写）	⊗ 叁万肆仟贰佰叁拾玖元整	（小写）￥34239.00

销售方	名　　称：华信食品股份有限公司 纳税人识别号：110202523113659789 地址、电话：北京市通州区东大街67号 010-27606068 开户行及账号：工行北京通州支行 160300583638033666	备注

收款人：孙佳颖　　　复核：李海洋　　　开票人：王宏宇　　　销售方：（章）

税总函[2019] 362 号北京市东港安全印制有限公司

第一联：记账联 销售方记账凭证

业务 92

图 161

中国工商银行 转账支票

10201920
01185557

出票日期（大写）　贰零贰贰 年　壹拾贰 月　贰拾玖 日	付款行名称：工行天津东风路支行
收款人：华信食品股份有限公司	出票人账号：630600266558612666

付款期限自出票之日起十天

人民币（大写）	叁拾柒万贰仟肆佰元整	亿 千 百 十 万 千 百 十 元 角 分
		￥ 3 7 2 4 0 0 0 0

用途 货款

上列款项请从
我账户内支付
出票人签章

密码
行号
复核　　　记账

（天津津悦食品有限公司 财务专用章）
（刘星 月印）

业务 93

图 162

产品入库单

交库部门：包装车间　　　2022 年 12 月 29 日　　　第 11 号

产品名称	编号	计量单位	入库数量	单位成本	金　额	用　途
椰蓉面包		箱	600			
手撕面包		箱	400			
夹心蛋糕		箱	500			
普通蛋糕		箱	900			

仓库主管　赵　田　　　　　　　　　　　保管员　李　丁

第二联 会计记账

业务 94

图 163

北京增值税专用发票

No 37001237

1100192150
机器编码：763248521353

此联不作报销、扣税凭证使用

开票日期：2022年12月30日

购买方	名　称：万家购物连锁超市 纳税人识别号：350101578804724789 地址、电话：北京市海淀区中汇路47号 开户行及账号：工行北京海淀区支行 430567667000093222

密码区：
1-*+*/3-6*30<**-4*554-1*0>
816*/62+36+141-524-0+*+112
1*<//192</415*40<5+14904*/
3>121/9*/62+36+8230101/1-5

货物或应税劳务、服务名称	规格型号	单位	数量	单价	金额	税率	税额
*焙烤食品*椰蓉面包		箱	800	170.00	136000.00	13%	17680.00
*焙烤食品*手撕面包		箱	700	160.00	112000.00	13%	14560.00
*焙烤食品*夹心蛋糕		箱	700	200.00	140000.00	13%	18200.00
*焙烤食品*普通蛋糕		箱	900	160.00	144000.00	13%	18720.00
合　　计					¥ 532000.00		¥ 69160.00

价税合计（大写）　　⊗ 陆拾万壹仟壹佰陆拾元整　　　（小写）¥ 601160.00

销售方	名　称：华信食品股份有限公司 纳税人识别号：11020253113659789 地址、电话：北京市通州区东大街67号　010-27606068 开户行及账号：工行北京通州支行 160300583638033666	备注

收款人：孙佳颖　　　复核：李海洋　　　开票人：王宏宇　　　销售方：（章）

第一联：记账联 销售方记账凭证

税总函[2019] 362 号北京东港安全印制有限公司

图 164

产品出库单

单位 **万家购物连锁超市**

第 12 号
2022 年 12 月 30 日

编号	成品名称	规格	单位	数量	单价	金 额	过账	附注
	椰蓉面包		箱	800	170.00	136 000.00		
	手撕面包		箱	700	160.00	112 000.00		
	夹心蛋糕		箱	700	200.00	140 000.00		
	普通蛋糕		箱	900	160.00	144 000.00		
合			计			￥532 000.00		

仓库负责人 赵 田　　　保管员 李 丁　　　财务经理 李海洋　　　制单 李 丁

第二联：会计记账联

✂

业务 95

图 165

固定资产盘点盈亏表

2022 年 12 月 30 日

单位：元

固定资产名称	固定资产型号规格	盘盈			盘亏			原因
		数量	重置价值	估计折旧	数量	重置价值	估计折旧	
电脑		1	5 500.00					
处理意见	清查小组 签章：刘宇洋	设备部门 签章：杨 红			领导审批 签章：张志平		2022 年 12 月 30 日	

复核 李海洋　　　　　　　　　　　　　　　　　　　　　制表 王 宇

第二联：会计记账联

业务 96

图 166

固定资产盘点盈亏表

2022 年 12 月 30 日
单位：元

固定资产名称	固定资产型号规格	盘盈			盘亏			原因
		数量	重置价值	估计折旧	数量	重置价值	估计折旧	
打印机					1	3 000.00	2 232.50	短缺设备

| 处理意见 | 清查小组
调整账面价值并报批

签章：刘宇洋 | 设备部门
内部转移手续不完备所致

签章：杨 红 | 领导审批
同意转作营业外支出

签章：张志平 | 2022 年 12 月 30 日 |

| 复核 | 李海洋 | | 制表 | 王 宇 |

第二联：会计记账联

业务 97

图 167

固定资产折旧

使用部门	固定资产项目	期初固定资产原值	折旧额
面包生产车间	1# 厂房	1 156 000.00	2 408.33
	面包生产线	757 000.00	1 614.93
	电脑	16 500.00	3 135.00
	打印机	9 000.00	1 710.00
	小计		8 868.26
蛋糕生产车间	2# 厂房	987 663.00	2 057.63
	蛋糕生产线	589 000.00	6 282.67
	电脑	16 500.00	3 135.00
	打印机	9 000.00	1 710.00
	小计		13 185.30
包装车间	3# 厂房	1 518 560.00	3 163.67
	包装机	398 521.00	4 250.89
	电脑	16 500.00	3 135.00
	打印机	9 000.00	1 710.00
	小计		12 259.56
储运部门、业务部门、财务部门	办公楼	1 356 860.00	2 845.54
	电脑	115 500.00	21 945.00
	打印机	33 000.00	6 270.00
	小计		31 060.54

图 168

固定资产折旧表

2022 年 12 月 30 日　　　　　　　　　单位：元

科　目	使用部门	固定资产项目	固定资产原值			月折旧率	本月折旧额
			月末余额	月增加额	月减少额		
制造费用	加工车间						
		小　计					
管理费用	加工车间						
		小　计					

第二联　会计记账联

主管　李海洋　　　　　　　　　　　　　制表　王　宇

业务 98

图 169

无形资产摊销表

2022 年 12 月 30 日

单位：元

无形资产名称	期末账面原值	使用年限	本月摊销额
A 配方		10	
专利权		10	
合计			

业务 99

图 170

费用摊销计算表

编制单位：华信食品股份有限公司　　　2022 年 12 月 30 日　　　　　　单位：元

无形资产名称	原值	使用年限	月摊销金额

业务 100

图 171

投资收益明细表

公司名称：华信食品股份有限公司　　2022 年 12 月 30 日　　　　单位：元

项目

一、短期投资收益	本月数	本年累计数
二、长期投资收益		
其中：对子公司投资收益		
对其他公司投资收益		
三、长期股权投资收益　　债权投资收益		
合计		

业务 101

图 172

投资收益明细表

公司名称：华信食品股份有限公司　　2022 年 12 月 30 日　　　　单位：元

项目

一、短期投资收益	本月数	本年累计数
二、长期投资收益		
其中：对子公司投资收益		
对其他公司投资收益		
三、长期股权投资收益　　其他债权投资		
合计		

业务 102

图 173

应收票据利息计算表

2022 年 12 月 30 日

票据种类		票面金额	
计息时间		票面利率	
应得利息	人民币（大写）		¥

复合：　　　　　　　　　　　　　　　　　　制表：

业务 103

图 174

中国工商银行
转账支票存根
10201920
44551825

石家庄市证券印制有限责任公司·2019年印制

附加信息
....
....

出票日期　　年　月　日
收款人：

金　额：
用　途：

单位主管　　会计

付款期限自出票之日起十天

中国工商银行 转账支票

10201920
44551825

出票日期（大写）　　年　　月　　日　　付款行名称：
收款人：　　　　　　　　　　　　　　　出票人账号：

人民币
（大写）　　　　　　　　　　　亿 千 百 十 万 千 百 十 元 角 分

用途　　　　　　　　　　　　密码
上列款项请从　　　　　　　　行号
我账户内支付
出票人签章　　　　　　　复核　　　记账

业务 104

图 175

存货盘点表　　　　　　　　　　　　单位：千克

	账面	实际	盘盈	盘亏
特质面粉	1 420	1 420		
白砂糖	3 293	3 321	28	
鸡蛋	780	725		55
植物油	1 670	1 670		

业务105

图176

辅助材料费用分配表

领用部门		费用	生产辅料		金额
			定额	分配率	
面包生产车间	椰蓉面包		0.6		
	手撕面包		0.7		
	合计				
蛋糕生产车间	夹心蛋糕		0.4		
	普通蛋糕		0.8		
	合计				

图177

包装物及其辅料费用分配表

产品		包装物			包装辅料			合计
		数量		金额	费用	分配率	金额	
		1# 纸箱	2# 纸箱					
包装车间	椰蓉面包							
	手撕面包							
	夹心蛋糕							
	普通蛋糕							
	合计							

图 178

发出材料汇总表

产品		特质面粉	白砂糖	鸡蛋	植物油	生产辅料	1# 纸箱	2# 纸箱	包装辅料	打蛋器	周转箱	合计
面包生产车间	椰蓉面包											
	手撕面包											
	车间耗用											
	合计											
蛋糕生产车间	夹心蛋糕											
	普通蛋糕											
	车间耗用											
	合计											
包装车间	椰蓉面包											
	手撕面包											
	夹心蛋糕											
	普通蛋糕											
	车间耗用											
	合计											
委托加工												
销售												
盘点												
总计												

业务 106

图 179

结转材料成本差异

产品		原材料金额	差异率	差异
面包生产车间	椰蓉面包			
	手撕面包			
	合计			
蛋糕生产车间	夹心蛋糕			
	普通蛋糕			
	合计			
委托加工物资				
销售				

✂

业务 107

图 180

工 资 结 算 汇 总 表

单位：元

部 门	计时工资	奖 金	津贴补贴	应扣工资		应发工资	代扣款项						实发工资
				病 假	事 假		养老保险	失业保险	医疗保险	住房公积金	个人所得税	小 计	
面包生产车间	50 000.00	17 000.00	2 620.00	300.00	100.00	69 220.00	5 537.60	692.20	877.30	3 500.00	258.39	10 865.49	58 354.51
蛋糕生产车间	50 000.00	16 100.00	2 450.00	250.00	300.00	68 000.00	5 440.00	680.00	1 360.00	3 500.00	210.60	11 190.60	56 809.40
包装车间	39 000.00	7 090.00	2 810.00	100.00		48 800.00	3 904.00	488.00	976.00	2 730.00	21.06	8 119.06	40 680.94
企业储运部门	27 000.00	5 040.00	2 280.00		200.00	34 120.00	2 729.60	341.20	682.40	1 890.00		5 643.20	28 476.80
企业业务部门	43 700.00	19 350.00	4 750.00	300.00	200.00	67 300.00	5 384.00	673.00	1 346.00	3 059.00	211.77	10 673.77	56 626.23
企业财务部门	36 000.00	10 100.00	2 650.00	200.00	200.00	48 350.00	3 868.00	483.50	967.00	2 520.00	315.35	8 153.85	40 196.15
企业管理部门	27 000.00	5 750.00	1 390.00	100.00	100.00	33 940.00	2 715.20	339.40	678.80	1 890.00		5 623.40	28 316.60
合 计	272 700.00	80 430.00	18 950.00	1 250.00	1 100.00	369 730.00	29 578.40	3 697.30	6 887.50	19 089.00	1 017.17	60 269.37	309 460.63

制单 宋丽　　　　　　审核 杨 红　　　　　　财务主管 李海洋　　　　　　主管领导 张志平

业务 108

图 181

2022 年 12 月福利费

部门	在职员工月工资总和	奖励性绩效	补发基本工资	福利费
面包生产车间				
蛋糕生产车间				
包装车间				
合计				

业务 109

图 182

工会经费计算表
2022 年 12 月 31 日

部门		工资	计提比例（2%）	计提金额
A 生产车间	生产工人			
	管理人员			
B 生产车间	生产工人			
	管理人员			
企业销售部				
企业采购部				
企业行政管理部门				
合计				

会计主管：　　　　　　　　　　　　　　　　　会计：

图 183

教育经费计算表

2022 年 12 月 31 日

部门		项目		
		工资	计提比例（2.50%）	计提金额
A 生产车间	生产工人			
	管理人员			
B 生产车间	生产工人			
	管理人员			
企业销售部				
企业采购部				
企业行政管理部门				
合计				

会计主管： 会计：

业务 110

图 184

水电费分配表

部门		电费		水费		合计
		耗用量	金额	耗用量	金额	
生产部门	面包生产车间					
	蛋糕生产车间					
	包装车间					
行政管理部门						
合计						

业务 111

图 185

制造费用分配表

产品		费用	工时定额	分配率	分配额
面包生产车间	椰蓉面包				
	手撕面包				
	合计				
蛋糕生产车间	夹心蛋糕				
	普通蛋糕				
	合计				
包装车间	椰蓉面包				
	手撕面包				
	夹心蛋糕				
	普通蛋糕				
	合计				

✂ -

业务 112

图 186

面包生产车间——椰蓉面包费用表

项目	直接材料	直接人工	制造费用	合计
期初余额				
本期增加				
合计				
单位产品成本				
完工产品				
在产品				

（其余表格省略，可参考本表自行设计）

业务 113

图 187

产品销售成本汇总表

2022 年 12 月

产品名称	期初结存			本期完工入库			本期销售		
	数量	单位成本	总成本	数量	单位成本	总成本	数量	单位成本	总成本

会计主管：　　　　　　　　　　会计：　　　　　　　　　　制单：

业务 114

图 188

原材料盘点报告表

2022 年 12 月 31 日

原材料	单位	账存		实存		盘盈		盘亏		备注
		数量	金额	数量	金额	数量	金额	数量	金额	
合计										
领导审批										
盘点人：										

业务 115

图 189

部分税金及附加计算简表

2022 年 12 月 31 日

项目	计税依据	税率	应纳税额	备注
城市维护建设税				
教育费附加				
印花税				
合计				

会计主管：　　　　　　　会计：　　　　　　　制单：

业务 116

图 190

应交增值税计算表

2022 年 12 月 31 日

借方			贷方			
进项税额	已交税金	转出未交增值税	销项税额	出口退税	进项税额转出	转出多交增值税

业务 117

图 191

坏账准备计提表

年度：　2022　年　12　月　31　日

应收账款余额	计提比例	坏账准备金额

审核人　　　　　　　制表人

业务 118

图 192

存货跌价准备计提表

2022 年 12 月 31 日

名称	账面价值	可变现价值	跌价准备

仓库主任　　　　　　　　　　　　　　　制单

业务 119

图 193

无形资产减值准备计提表

2022 年 12 月 31 日

无形资产名称	账面摊销	可变现净值	差额	计提金额
合计				

总经理：　　　　　　财务经理：　　　　　　审核：　　　　　　制单：

业务 120

图 194

交易性金融资产公允价值变动损益表

2022 年 12 月 31 日　　　　　　　　　　　单位：元

投资项目	持有份数	单位市价	账面成本	市价总额	公允价值变动账户余额	应确认损益
合计						

主管：　　　　　　　　　　　　　　　制表：

业务 121

图 195

本月损益类账户结转表

2022 年 12 月 31 日

科目名称	借方发生额	贷方发生额
主营业务成本		
其他业务成本		
管理费用		
销售费用		
财务费用		
合计		

会计主管：　　　　　审核：　　　　　　制单：

业务 122

图 196

本月所得税计算表

2022 年 12 月 31 日

计税依据（本期利润总额）	税率	本期应交所得税金额

业务 123

图 197

应纳所得税计算表

2022 年 12 月 31 日

项目	金额（小数点后两位）
一、会计利润总额	
加：调增项目	
1.	
2.	
小计	
减：调减项目	
1.	
2.	
小计	
二、应纳税所得额	
使用税率	
三、应纳税所得额	

业务 124

图 198

本年利润结转计算表

2022 年 12 月 31 日

收入类账户	借或贷	金额	费用类账户	借或贷	金额

业务 125

图 199

本年提取盈余公积计算表

企业名称：　　　　　　　　　　2022 年度　　　　　　　　　　单位：元

项目	金额（保留两位小数）
本年净利润	
减：弥补企业以前年度亏损	
计提盈余公积基数	
本年应计提法定盈余公积	
本年应计提任意盈余公积	

会计主管：　　　　　　　审核：　　　　　　　制单：

图 200

利润分配计算表

2022 年 12 月 31 日

项目	分配比例	分配金额

✂

业务 126

图 201

内 部 转 账 单

2022 年 12 月 31 日
单位：元

应借科目	应贷科目	金额	备注

会计主管：　　　　　　　审核：　　　　　　　制单：

任务 3.3 财务报告

资产负债表

利润表

所有者权益变动表

现金流量表